1日 3級の復習テスト(1) 読み

月　日

時間 20分 [はやい15分・おそい25分]　得点　点

合格 80点 (一つ4点)

1 ――線の漢字の読み方を書きなさい。

① 線に沿って切る。( )

② 言い訳をするな。( )

③ 宝探しをする。( )

④ 階段をおりる。( )

⑤ 従来の考え方。( )

⑥ 使い捨てのマスク。( )

⑦ 休日勤務の届けを出す。( )( )

⑧ 夜空に星座を見つける。( )

2 ――線の漢字の読み方を書きなさい。

① 物語を創る。( )

② 父が会社から帰宅する。( )

③ 宗教について学ぶ。( )

④ 鉄筋のビル。( )

⑤ 目を閉じて考える。( )

⑥ 森を探検する。( )

⑦ 大規模な工事。( )

⑧ 就業人口を調べる。( )

3 ――線の漢字の読み方を書きなさい。

① 誤字を直す。( )

② 養分を吸収する。( )

③ 班別に行動する。( )

④ 警備にあたる。( )

⑤ 考え方が幼い。( )

⑥ 集会が一時間延びる。( )

⑦ 推定十歳《じっさい》の犬。( )

⑧ 権力をふりかざす。( )

3級の復習テスト(1) 書き

月　日

時間 20分【はやい15分・おそい25分】
合格 80点（一つ4点）
得点　　点

※（　　　）は送りがなも書きなさい。

1 次の漢字を書きなさい。

① □□《しゅうち》を集める。
② 難民《なんみん》を□□《きゅうさい》する。
③ 書記を□□《たんとう》する。
④ □□《ほうしん》を決定する。
⑤ おなかが（　　　）《いたい》。
⑥ □□□□《ぞうきいしょく》。
⑦ アマゾンの□□《ひきょう》。
⑧ 人口の□□《すいい》を調べる。

2 次の漢字を書きなさい。

① とびらが（　　　）《しまる》。
② あっけない（　　　）《まくぎれ》。
③ もう□□《へいてん》の時刻《じこく》だ。
④ □《せ》伸《の》びをする。
⑤ 道路を□□《じょせつ》する。
⑥ ねこの（　　　）《ちゅうがえり》。
⑦ 廃品《はいひん》を□□《かいしゅう》する。
⑧ □□《すなば》で遊ぶ。

3 次の漢字を書きなさい。

① ここにいては（　　　）《あぶない》。
② 体質は母の□□《いでん》だ。
③ □□《こうし》のけじめをつける。
④ □□□《かんらんしゃ》に乗る。
⑤ □□《ようし》を気にする。
⑥ 不足を（　　　）《おぎなう》。
⑦ □□《へいかい》を□□《せんげん》する。
⑧ □□□《てんぼうだい》に上がる。

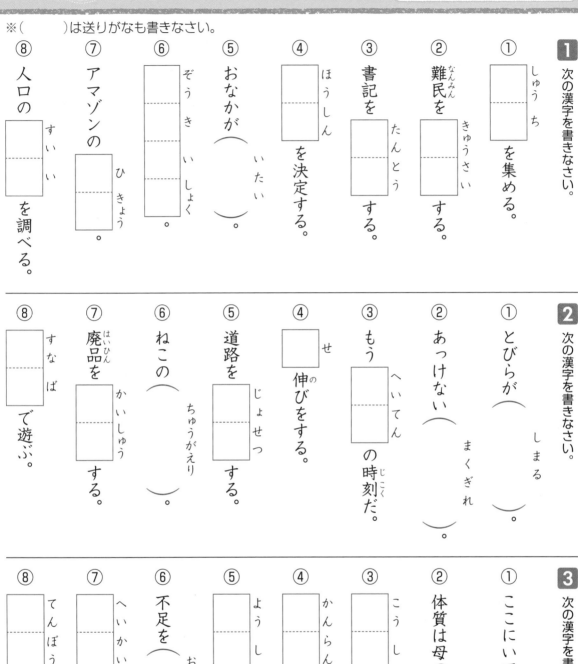

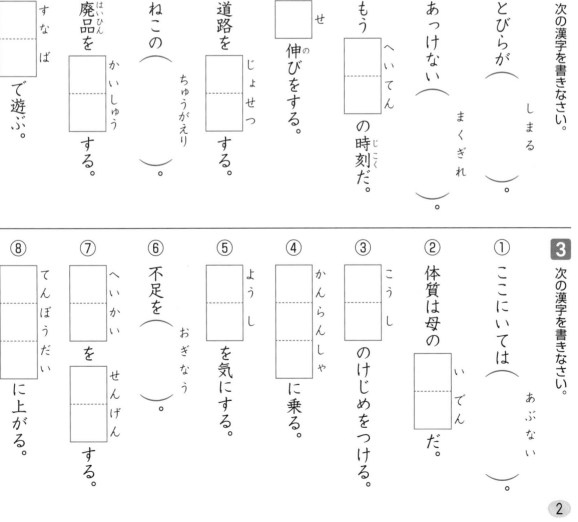

2日 3級の復習テスト(2) 読み

月　日

時間 20分 [はやい15分・おそい25分]
合格 80点 (一つ4点)
得点　点

1 ——線の漢字の読み方を書きなさい。

① 遺産を分ける。
② 制限を解除する。
③ 光が反射する。
④ 毎朝、体操する。
⑤ 今年は異常な暑さだ。
⑥ 水が蒸発する。
⑦ 善悪をわきまえる。
⑧ 日本語に訳す。

2 ——線の漢字の読み方を書きなさい。

① 書類に署名する。
② 対策を立てる。
③ 養蚕の農家。
④ ストローで吸う。
⑤ ほんのかすり傷だ。
⑥ 大成功を収める。
⑦ 水洗便所。
⑧ 背高のっぽの木。

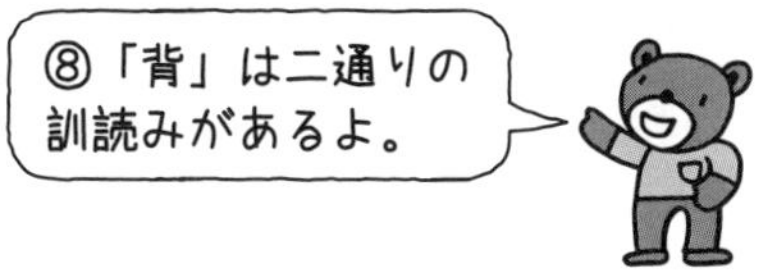

3 ——線の漢字の読み方を書きなさい。

① 理由には諸説ある。
② 誠意を示す。
③ 歌詞を忘れる。
④ 絹のシャツを着る。
⑤ 生きる力の源。
⑥ 私語をつつしむ。
⑦ 穀類を輸入する。
⑧ ごみを取り除く。

3級の復習テスト(2) 書き

月　日

時間 20分【はやい15分・おそい25分】
合格 80点（一つ4点）
得点　点

1 次の漢字を書きなさい。

① すごい□《はいかつりょう》だ。
② 指示に（　）《したがう》。
③ 車が□《こしょう》する。
④ 大切な□《そんざい》。
⑤ へびの□《たまご》を見つけた。
⑥ 彼《かれ》は有名な□《はいゆう》だ。
⑦ □《かんそ》な身なり。
⑧ （　）《きりかぶ》にすわる。

2 次の漢字を書きなさい。

① □《きぬ》ごし豆腐《どうふ》。
② 雨で遠足は□《えんき》になる。
③ □《しょうぼうしょ》から出動する。
④ □《ほしゅう》を受ける。
⑤ 山の□《ちょうじょう》を目指す。
⑥ □《おやふこう》な子だ。
⑦ □《ようじ》の相手をする。
⑧ □《ないみつ》に願います。

3 次の漢字を書きなさい。

① 家の中を（　）《さがす》。
② 矢で的を（　）《いる》。
③ □《ちょうほう》な道具。
④ □《えいが》の□《ひひょう》。
⑤ 会社に（　）《つとめる》。
⑥ あれこれ□《ぎろん》する。
⑦ □《はりがね》を曲げる。
⑧ 地球の□《じき》を測定する。

3日 3級の復習テスト(3) 読み

月　日

時間 20分 【はやい15分・おそい25分】
合格 80点 (一つ4点)
得点　点

1 ——線の漢字の読み方を書きなさい。

① 大会で優勝したい。
② 山の頂からながめる。
③ 事故で重傷を負う。
④ 危害を加える。
⑤ 誤報にまどわされる。
⑥ お皿を割る。
⑦ 手洗いを済ます。
⑧ 墓に花を供える。

2 ——線の漢字の読み方を書きなさい。

① 貴重な資料。
② 水害で痛手を受ける。
③ 四捨五入して計算する。
④ 護憲運動が起きる。
⑤ 善いことをする。
⑥ 仕事を分担する。
⑦ 小さな誤りに気づく。
⑧ 姿勢がいい人。

3 ——線の漢字の読み方を書きなさい。

① 砂時計を逆さにする。
② 車窓の風景。
③ 幕府をたおす。
④ 班長を選ぶ。
⑤ 数値を記録する。
⑥ 誤差を計算する。
⑦ 危機をだっする。
⑧ 宿題を忘れる。

3級の復習テスト(3) 書き

月　日

時間 20分 【はやい15分・おそい25分】
合格 80点 (一つ4点)
得点 　点

1 次の漢字を書きなさい。

① 大雨□□《けいほう》が発令される。
② 一つずつ形が□《こと》なる。
③ □□□□《しんようじゅりん》。
④ □□《はいえい》の選手。
⑤ 仲間を（　　）《したがえる》。
⑥ □□《こくほう》の□□□《てんらんかい》。
⑦ □□《ずつう》がはげしい。
⑧ □□《うちゅう》に飛び立つ。

2 次の漢字を書きなさい。

① □□《ぶしょ》ごとに集まる。
② 見る□□《かち》がある。
③ 交通事故の□□《たいさく》。
④ 結果を□□《はんえい》する。
⑤ □□《ぎねん》をいだく。
⑥ 各国の□□《しゅのう》が集まる。
⑦ 中国語を□□《つうやく》する。
⑧ 家庭□□《ほうもん》をする。

3 次の漢字を書きなさい。

① 会社を□□《そうりつ》する。
② □□《こめだわら》をかつぐ。
③ 食料を□□《きょうきゅう》する。
④ □□《ねふだ》を付ける。
⑤ そろそろ□□《へいかん》時間だ。
⑥ □□《せいじつ》な人。
⑦ 広場は□□《ぐんしゅう》でうまった。
⑧ □□《しゅうきょう》の研究。

4日　乱・専・奏・庁・律・骨

1 乱

音 ラン
訓 みだす・みだれる
部首 し（おつ）
意味 みだれる。たたかい。むやみに。

画数 7

・筆順どおりに書きなさい。

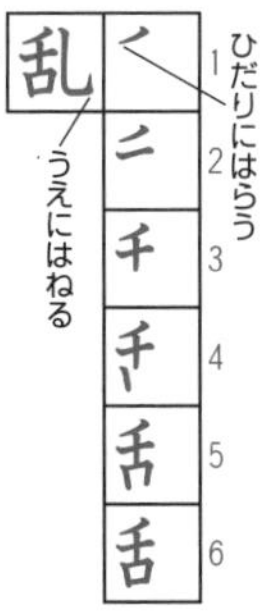

――線の漢字の読み方を書きなさい。

① 混乱する。（　　）
② 列を乱す。（　　）
③ かみの毛が乱れる。（　　）

2 専

音 セン
訓 （もっぱら）
部首 寸（すん）
意味 もっぱら。ひとりじめ。

画数 9

・筆順どおりに書きなさい。

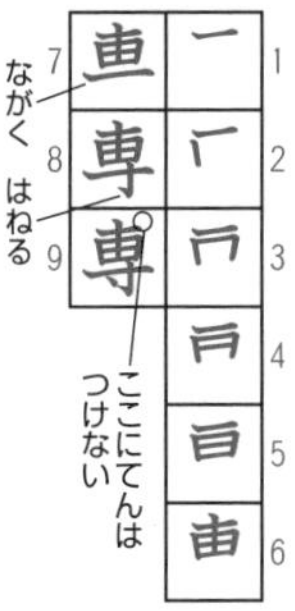

――線の漢字の読み方を書きなさい。

① 男子専用のトイレ。（　　）
② 専念する。（　　）
③ 専門家。（　　）

3 奏

音 ソウ
訓 （かなでる）
部首 大（だい）
意味 申し上げる。なしとげる。音楽をかなでる。

画数 9

・筆順どおりに書きなさい。

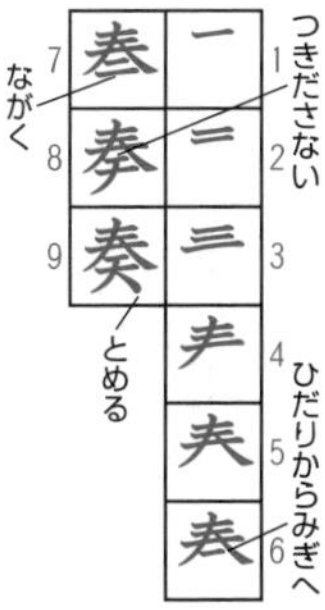

――線の漢字の読み方を書きなさい。

① 吹《すい》奏楽団。（　　）
② 演奏する。（　　）
③ ピアノの独奏。（　　）

4 庁

音 チョウ
訓 ―
部首 广（まだれ）
意味 役所。

画数 5

・筆順どおりに書きなさい。

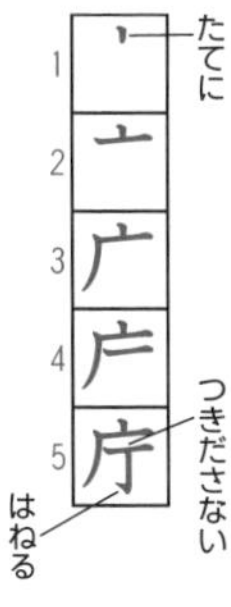

――線の漢字の読み方を書きなさい。

① 大阪府庁。（　　）
② 県庁。（　　）
③ 新しい庁舎。（　　）

5 律

音 リツ・（リチ）
訓 ―
部首 彳（ぎょうにんべん）
意味 おきて。決まり。音の調子。

画数 9

・筆順どおりに書きなさい。

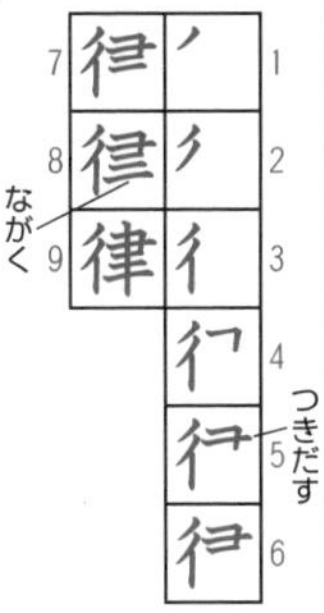

――線の漢字の読み方を書きなさい。

① 法律。（　　）
② 規律を守る。（　　）
③ 一律に税金がかかる。（　　）

6 骨

音 コツ
訓 ほね
部首 骨（ほね）
意味 ほね。ものの中心にあるしん。人がら。

画数 10

・筆順どおりに書きなさい。

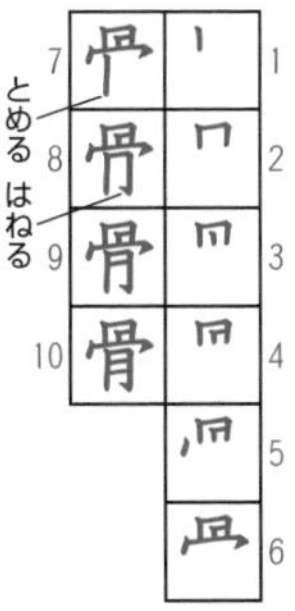

――線の漢字の読み方を書きなさい。

① 骨折。（　　）
② 骨格。（　　）
③ 骨が折れる。（　　）
④ 気骨。（　　）

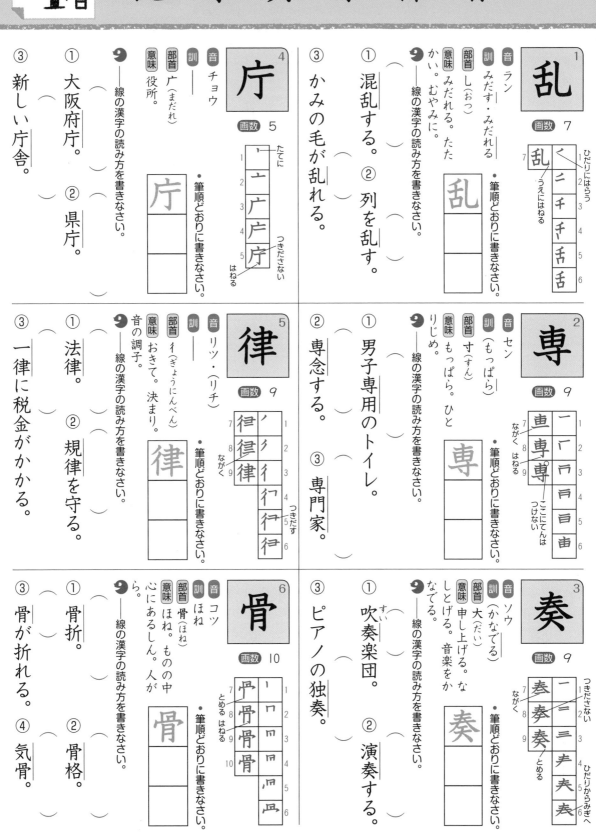

月　日

書いてみよう

時間 20分【はやい15分・おそい25分】
合格 20問
正答　／24問

1

① 頭が□□《こんらん》する。

② かみの毛が（　　）《みだれる》。

③ 列を（　　）《みだす》。

④ □□《らんぼう》な字。

2

① 女性□□《せんよう》。

② 勉学に□□《せんねん》する。

③ □□□《せんもんか》。

④ □□《せんぞく》の歌手。

3

① 吹《すい》□《そう》楽団。

② チェロを□□《どくそう》する。

③ ピアノの伴《ばん》□《そう》。

④ ハープを□□《えんそう》する。

4

① 大阪□□《ふちょう》。

② □□《けんちょう》所在地。

③ 警視《けいし》□《ちょう》。

④ 新しい□□《ちょうしゃ》。

5

① □□《きりつ》を守る。

② □□《いちりつ》に税金がかかる。

③ □□《ほうりつ》を定める。

④ □□《おんりつ》を調べる。

6

① 足を□□《こっせつ》する。

② ビルの（　　）《ほねぐみ》。

③ □《ほね》の折れる仕事。

④ □□《きこつ》のある人間。

並・困・若・仁・糖・裏

並

7

画数 8

音 （ヘイ）

訓 ならぶ・ならべる・ならびに・なみ

部首 一（いち）

意味 ならび立つ。つらなる。

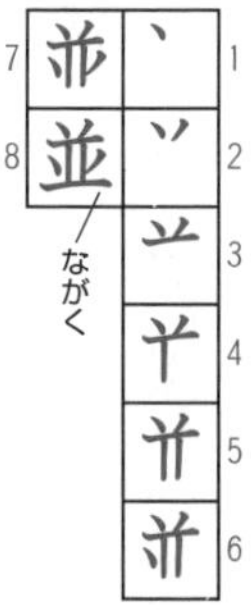

● 筆順どおりに書きなさい。

並

―線の漢字の読み方を書きなさい。

① 電池を並べてつなぐ。（　　）

② 店が並ぶ。（　　）

③ A並びにB。（　　）

困

8

画数 7

音 コン

訓 こまる

部首 口（くにがまえ）

意味 こまる。苦しむ。

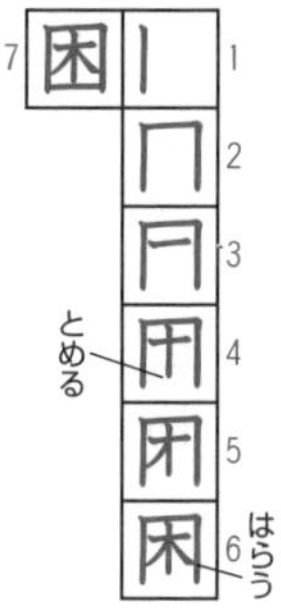

● 筆順どおりに書きなさい。

困

―線の漢字の読み方を書きなさい。

① 困苦にたえる。（　　）

② 困難《なん》。（　　）

③ 生活に困る。（　　）

若

9

画数 8

音 （ジャク）・（ニャク）

訓 わかい・（もしくは）

部首 艹（くさかんむり）

意味 わかい。いくらか。もしくは。

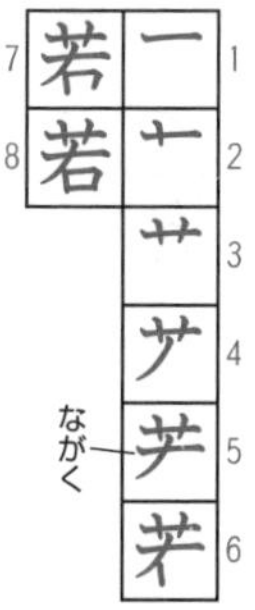

● 筆順どおりに書きなさい。

若

―線の漢字の読み方を書きなさい。

① 気が若い。（　　）

② 若葉の季節。（　　）

③ 若者のアイドル。（　　）

仁

10

画数 4

音 ジン・（ニ）

訓 ―

部首 イ（にんべん）

意味 情け。思いやりの心。ひと。

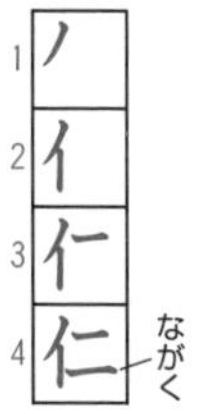

● 筆順どおりに書きなさい。

仁

―線の漢字の読み方を書きなさい。

① 医は仁術。（　　）

② 仁義。（　　）

③ 仁徳のある人。（　　）

糖

11

画数 16

音 トウ

訓 ―

部首 米（こめへん）

意味 さとう。あまみのあるもの。

● 筆順どおりに書きなさい。

糖

―線の漢字の読み方を書きなさい。

① 砂糖。（　　）

② 製糖工場。（　　）

③ 糖分を減らす。（　　）

裏

12

画数 13

音 （リ）

訓 うら

部首 衣（ころも）

意味 うら。うち。なか。

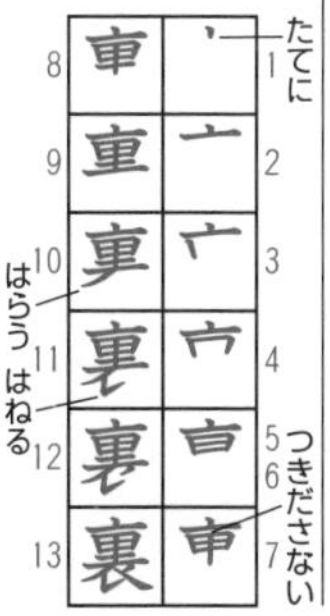

● 筆順どおりに書きなさい。

裏

―線の漢字の読み方を書きなさい。

① 裏の畑。（　　）

② 裏道。（　　）

③ 用紙を裏返す。（　　）

月　日

書いてみよう

時間 20分【はやい15分・おそい25分】
合格 20問
正答 ／24問

7

① 列に（　　）《ならぶ》。

② 氏名（　　）《ならびに》住所。

③ 本を（　　）《ならべる》。

④ □□□《なみきみち》を歩く。

8

① （　　）《こまっ》た問題。

② 貧《ひん》□《こん》に負けない。

③ □□《こんく》にたえる。

④ □《こん》難《なん》を乗り切る。

9

① □□《わかて》の先生。

② □□《わかば》の季節。

③ □□《わかもの》の集まり。

④ 気が（　　）《わかい》。

10

① 医は□□《じんじゅつ》。

② □□《じんとく》に満ちた。

③ □□《じんぎ》を重んじる。

④ □□《じんあい》の心が深い。

11

① □□《さとう》を入れる。

② □□《とうぶん》を減らす。

③ □《とう》尿病《にょうびょう》にかかる。

④ □□《とうど》の高い果物。

12

① □《うら》の畑。

② 写真の□《うら》。

③ 用紙を（　　）《うらがえす》。

④ □□《うらみち》を通る。

6日 復習テスト(1) 読み

月　日

時間 20分【はやい15分・おそい25分】
合格 80点（一つ4点）
得点　点

1 ——線の漢字の読み方を書きなさい。

① 髪《かみ》が乱れて困る。
② 並んで歩く。
③ スキーで足を骨　折した。
④ 電池を並べてつなぐ。
⑤ 規　律を守る。
⑥ 骨　格の標本。
⑦ 法　律に従う。
⑧ 困難《なん》にうち勝つ。

⑧よく似た漢字の「因」とまちがえないようにしよう。

2 ——線の漢字の読み方を書きなさい。

① 医は仁　術である。
② 裏の畑を耕す。
③ 若　葉の季節。
④ 糖　分をとり過ぎない。
⑤ 仁　義を重んじる。
⑥ おじいさんは気が若い。
⑦ 製　糖工場の見学。
⑧ シャツを裏　返しに着る。

3 ——線の漢字の読み方を書きなさい。

① かさの骨。
② 京都府　庁。
③ 専　属のモデル。
④ 演　奏　会に行く。
⑤ 砂　糖を入れる。
⑥ 専　門　家の意見を聞く。
⑦ 会場が混　乱する。
⑧ 県　庁所在地。

復習テスト(1) 書き

月　日

時間 20分
【はやい15分・おそい25分】

合格 80点
(一つ4点)

得点

点

1 次の漢字を書きなさい。

① □□《はんこつ》精神を持つ。

② おなかがすいて（　　）《こまる》。

③ □□□《なみきみち》を歩く。

④ □□《いちりつ》百円で売る。

⑤ （　　）《ならん》で走る。

⑥ □《ほね》の折れる仕事。

⑦ □□《ほうりつ》を守る。

⑧ □《こん》難《なん》に立ち向かう。

2 次の漢字を書きなさい。

① □□《じんとく》にあふれた人。

② 家の□《うら》の畑。

③ （　　）《わかい》から元気だ。

④ □□《さとう》を輸入する。

⑤ 医は□□《じんじゅつ》である。

⑥ □□《うらおもて》のない性格。

⑦ □□《とうぶん》をひかえた食事。

⑧ □□《わかもの》と老人。

3 次の漢字を書きなさい。

① 呼吸《こきゅう》が（　　）《みだれる》。

② □□□《せんもんか》の意見。

③ 吹《すい》□□《そうがく》の□□《えんそう》。

④ □□《けんちょう》所在地。

⑤ 歩行者□□《せんよう》道路。

⑥ □□□《けいさつちょう》長官。

⑦ 勉強に□□《せんねん》する。

⑧ 頭が□□《こんらん》する。

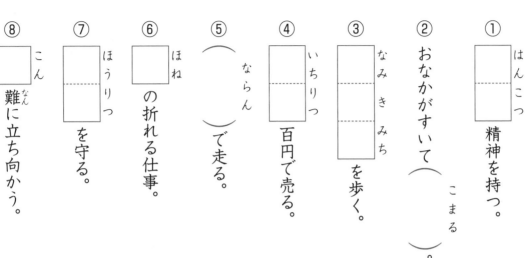

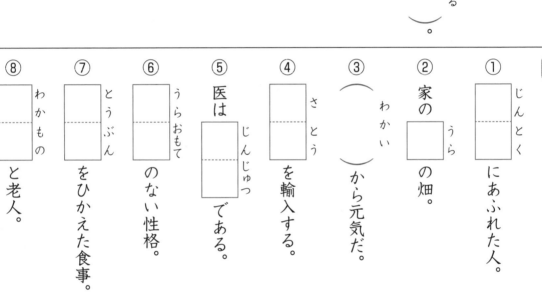

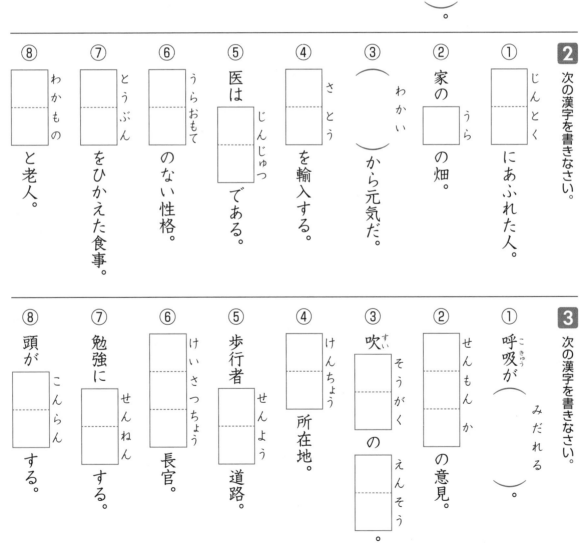

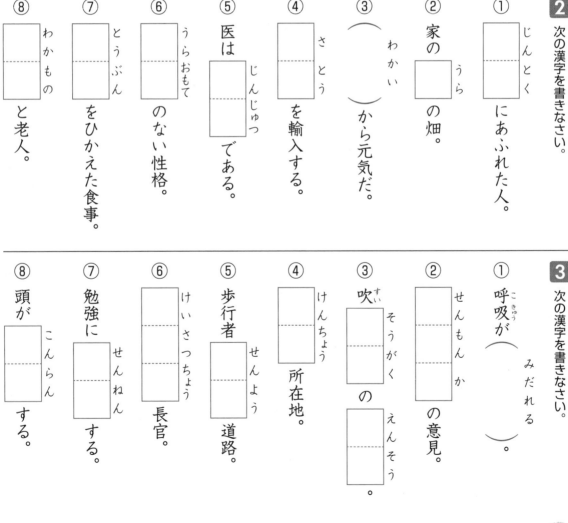

7日　降・晩・枚・暮・朗・腹

13 降

画数 10

音 コウ

訓 おりる・おろす・ふる

部首 阝（こざとへん）

意味 ふる。のち。負けてしたがう。おりる。さがる。

・筆順どおりに書きなさい。（つきだす）

――線の漢字の読み方を書きなさい。

① バスの降車口。（　）

② 船を降りる。（　）

③ 雨が降る。（　）

14 晩

画数 12

音 バン

訓 ―

部首 日（ひへん）

意味 日ぐれ。ものごとの終わりに近いとき。おそい。

・筆順どおりに書きなさい。（うえにはねる／はらう）

――線の漢字の読み方を書きなさい。

① 大器晩成（　）

② 昨晩。（　）

③ 今晩。（　）

④ 朝晩は寒い。（　）

15 枚

画数 8

音 マイ

訓 ―

部首 木（きへん）

意味 うすく平たいものを数える言葉。

・筆順どおりに書きなさい。（とめる）

――線の漢字の読み方を書きなさい。

① お札一枚。（　）

② 紙の枚数。（　）

③ 枚挙にいとまがない（　）

16 暮

画数 14

音 （ボ）

訓 くれる・くらす

部首 日（ひ）

意味 日がくれる。終わりに近づく。生活。

・筆順どおりに書きなさい。（ながく／つきだす）

――線の漢字の読み方を書きなさい。

① 悲しみに暮れる。（　）

② 日暮れ。（　）

③ 豊かに暮らす。（　）

17 朗

画数 10

音 ロウ

訓 （ほがらか）

部首 月（つき）

意味 ほがらか。声がよくとおること。

・筆順どおりに書きなさい。（たてに／はらう／はねる／とめる）

――線の漢字の読み方を書きなさい。

① 詩の朗読。（　）

② 明朗な人。（　）

③ 朗報を待つ。（　）

④ 朗唱する。（　）

18 腹

画数 13

音 フク

訓 はら

部首 月（にくづき）

意味 はら。真ん中。心の中。前方。

・筆順どおりに書きなさい。（はねる）

――線の漢字の読み方を書きなさい。

① 腹を立てる。（　）

② 腹痛。（　）

③ 腹心の部下たち。（　）

書いてみよう

月　日

時間 20分【はやい15分・おそい25分】

合格 20問

正答　／24問

13

① 雨が（　）《ふる》。

② 船から（　）《おりる》。

③ バスの□□□《こうしゃぐち》。

④ □□□《こうすいりょう》が多い。

14

① □□《さくばん》の出来事。

② □□《こんばん》はごちそうだ。

③ □□《あさばん》冷えこむ。

④ □□《ばんねん》に大成した。

15

① □□《いちまい》の銀貨。

② □□《まいきょ》にいとまがない

③ □□《たいまい》を投じる。

④ 紙の□□《まいすう》を調べる。

16

① 日が（　）《くれる》。

② （　）《くらし》を立てる。

③ 悲しみに（　）《くれる》。

④ 楽しく（　）《くらす》。

17

① 詩の□□《ろうどく》。

② □□《ろうほう》を待つ。

③ □□《めいろう》な子供。

④ 天気□□《せいろう》な日。

18

① □《はら》を立てる

② □□《ふくつう》で欠席する。

③ □□《ふくしん》の部下たち。

④ 山の□□《ちゅうふく》。

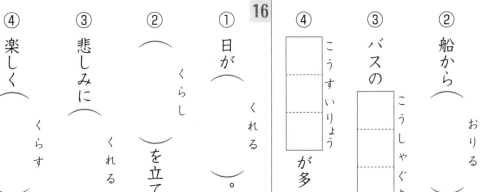

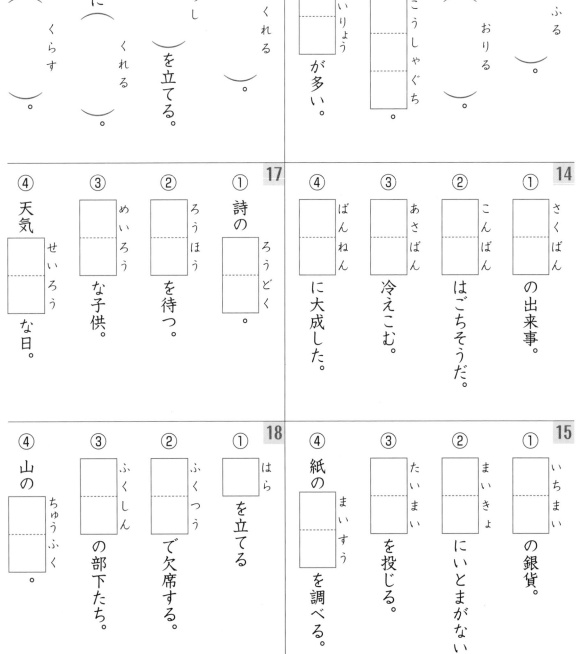

8日　縮・棒・熟・穴・己・視

月　　日

19 縮

画数 17

音 シュク
訓 ちぢむ・ちぢまる・ちぢめる・ちぢれる・ちぢらす
部首 糸（いとへん）
意味 ちぢむ。ちぢまる。

・筆順どおりに書きなさい。

――線の漢字の読み方を書きなさい。

① 縮図を見る。（　　）
② 縮小する。（　　）
③ ズボンが縮む。（　　）

20 棒

画数 12

音 ボウ
訓 ―
部首 木（きへん）
意味 ぼう。つえ。直線。単調な変化のないようす。

・筆順どおりに書きなさい。

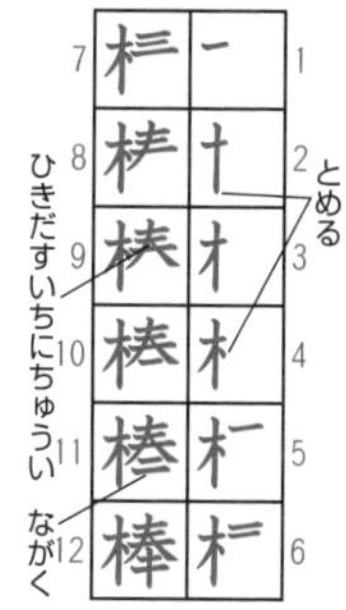

――線の漢字の読み方を書きなさい。

① 長い棒。（　　）
② 鉄棒。（　　）
③ せりふを棒読みする。（　　）

21 熟

画数 15

音 ジュク
訓 （うれる）
部首 灬（れんが・れっか）
意味 にる。にえる。くわしく。うれる。よくなれる。

・筆順どおりに書きなさい。

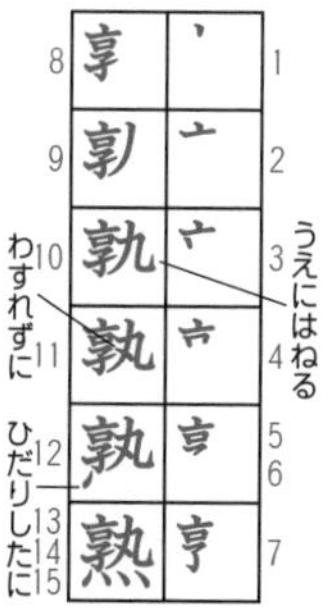

――線の漢字の読み方を書きなさい。

① 実が熟す。（　　）
② 熟読する。（　　）
③ 熟練の技。（　　）
④ 未熟。（　　）

22 穴

画数 5

音 （ケツ）
訓 あな
部首 穴（あな）
意味 あな。あなぐら。

・筆順どおりに書きなさい。

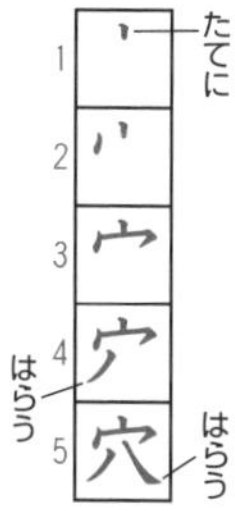

――線の漢字の読み方を書きなさい。

① 穴の中。（　　）
② 巣穴。（　　）
③ 道路に穴があく。（　　）

23 己

画数 3

音 コ・（キ）
訓 （おのれ）
部首 己（おのれ）
意味 おのれ。自分。

・筆順どおりに書きなさい。

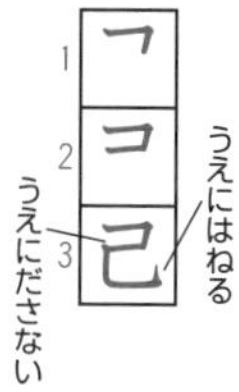

――線の漢字の読み方を書きなさい。

① 自己主張。（　　）
② 利己主義。（　　）
③ 自己満足する。（　　）

24 視

画数 11

音 シ
訓 ―
部首 見（みる）
意味 見る。気をつけて見る。よく見る。

・筆順どおりに書きなさい。

――線の漢字の読み方を書きなさい。

① 視線が合う。（　　）
② 視野。（　　）
③ 視界が開ける。（　　）

月　日

書いてみよう

時間 20分【はやい15分・おそい25分】
合格 20問
正答 ／24問

19

① ズボンが（　　）《ちぢむ》。

② 商売を□□《しゅくしょう》する。

③ 五万分の一の□□《しゅくず》。

④ きょりを（　　）《ちぢめる》。

20

① 長い□《ぼう》。

② せりふを（　　）《ぼうよみ》する。

③ □□《てつぼう》運動をする。

④ □《ぼう》グラフをかく。

21

① かきの実が□《じゅく》す。

② □□《じゅくれん》の技。

③ 教科書を□□《じゅくどく》する。

④ □□《はんじゅく》の卵。

22

① □《あな》をほる。

② リスの□□《すあな》。

③ □《あな》の中にひながいる。

④ 道路に□《あな》があく。

23

① □□《じこ》主張。

② □□□《じこりゅう》の料理。

③ □□《りこ》主義。

④ □□□《りこてき》になるな。

24

① □□《しせん》が合う。

② □□《しや》を広める。

③ □□《しかい》が開ける。

④ 現地を□□《しさつ》する。

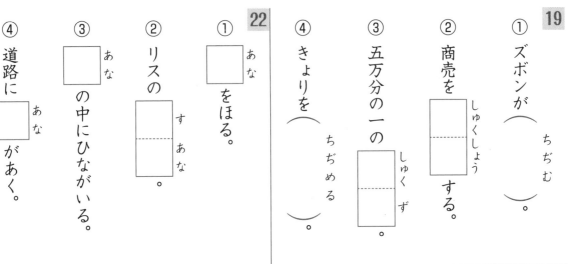

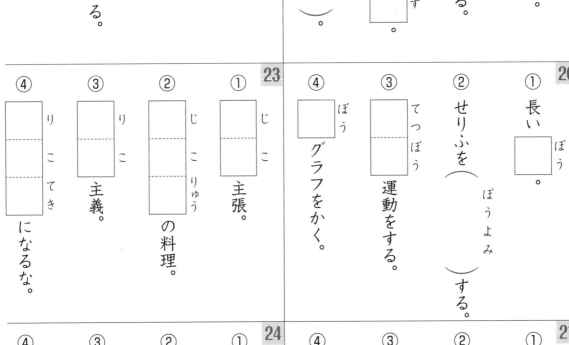

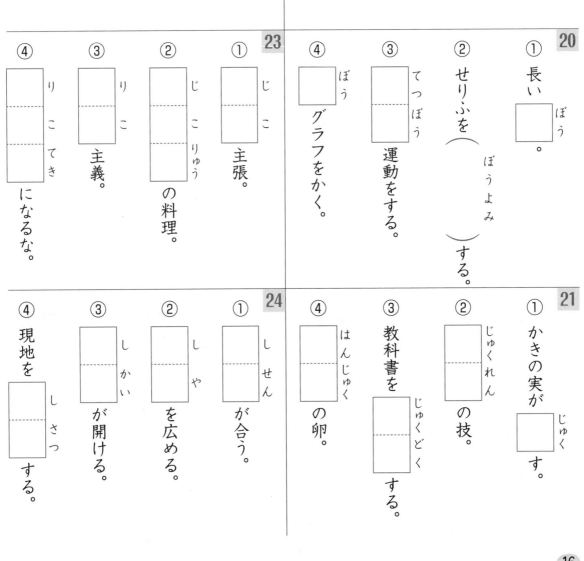

月　日

時間 20分 【はやい15分・おそい25分】
合格 80点 （一つ4点）
得点　　点

1 ──線の漢字の読み方を書きなさい。

① 図形を縮小する。
② 明朗な人たち。
③ 文章の棒読み。
④ 腹が痛い。
⑤ 棒をふり回す。
⑥ 髪《かみ》の毛が縮れる。
⑦ 腹心の家来。
⑧ 物語を朗読する。

④よく似た漢字「胸」の読み方とまちがえないようにしよう。

2 ──線の漢字の読み方を書きなさい。

① 自己を見つめる。
② 風穴をあける。
③ 視力検査をする。
④ 作業の熟練者。
⑤ 穴があくほど見つめる。
⑥ 視界がぼやける。
⑦ 利己主義をいましめる。
⑧ 本を熟読する。

3 ──線の漢字の読み方を書きなさい。

① 大器晩成の人。
② 降雪の多い地方。
③ 枚挙にいとまがない
④ 家族とともに暮らす。
⑤ 夕暮れ時に雨が降る。
⑥ 悲しみに暮れる。
⑦ 紙の枚数を数える。
⑧ 晩年の生活。

復習テスト(2)　書き

月　日

時間 20分【はやい15分・おそい25分】
合格 80点（一つ4点）
得点　　点

1 次の漢字を書きなさい。

① □《はら》が立つ話だ。
② 命が（　　）《ちぢむ》思い。
③ □□《ろうどく》がうまくなる。
④ □□《てつぼう》の練習をする。
⑤ □□《ふくつう》を起こす。
⑥ 広場に□《ぼう》を立てる。
⑦ □□《めいろう》な子供たち。
⑧ 五万分の一の□□《しゅくず》。

2 次の漢字を書きなさい。

① □□《じこ》中心的な考え。
② かきの実が□《じゅく》す。
③ 友達と□□《しせん》が合う。
④ 庭に□《あな》をほる。
⑤ 教科書を□□《じゅくどく》する。
⑥ □□《しりょく》の検査。
⑦ □□□《りこてき》な性格。
⑧ □□《かざあな》を開ける。

3 次の漢字を書きなさい。

① 紙の□□《まいすう》。
② □□《こんばん》、雨が（　　）《ふる》。
③ 豊かな（　　）《くらし》。
④ 年の（　　）《くれ》が近づく。
⑤ □□《いちまい》の千円札。
⑥ □□□《こうせつりょう》が多い。
⑦ □□《あさばん》のあいさつ。
⑧ □□《まいきょ》にいとまがない

まとめテスト(1) 読み

月　日

時間 20分【はやい15分・おそい25分】
合格 80点（一つ4点）
得点　点

1 ——線の漢字の読み方を書きなさい。

① ピアノの演奏会。
② 歩行者専用道路。
③ 一律百円で売る。
④ 枚数を数える。
⑤ 腹痛に苦しむ。
⑥ 広場に棒を立てる。
⑦ 自己を見つめ直す。
⑧ 頭が混乱する。

2 ——線の漢字の読み方を書きなさい。

① 裏庭にまわる。
② 医は仁術である。
③ 若者の集まり。
④ 晩年の生活。
⑤ 県庁前の桜並木。
⑥ 降雪の多い地方。
⑦ 魚の背骨。
⑧ 砂糖を使う料理。

3 ——線の漢字の読み方を書きなさい。

① 大きな声で朗読する。
② 穴に入りたい気持ち。
③ 楽しく暮らす。
④ 視野が広がる。
⑤ 呼吸《こきゅう》が乱れる。
⑥ 困ったことになる。
⑦ 髪《かみ》の毛が縮れる。
⑧ 社会の縮図を見る。

まとめテスト(1) 書き

月　日

時間 20分 【はやい15分・おそい25分】
合格 80点 (一つ4点)
得点　点

1 次の漢字を書きなさい。

① リズムが（　　）《みだれる》。
② □□《こっせつ》で入院する。
③ 店の前に（　　）《ならぶ》。
④ 老人と□□《わかもの》。
⑤ □□□《けいしちょう》の本部。
⑥ 情報が□□《こんらん》する。
⑦ ピアノを□□《えんそう》する。
⑧ 男子□□《せんよう》のトイレ。

2 次の漢字を書きなさい。

① □□《こんく》にたえる。
② 友人に□《はら》を立てる。
③ □□《いちまい》の銀貨。
④ □□《じんぎ》を重んじる。
⑤ 力つきて□□《こうさん》する。
⑥ 九回□《うら》で逆転する。
⑦ □《とう》尿病《にょうびょう》に気をつける。
⑧ 日が（　　）《くれる》。

3 次の漢字を書きなさい。

① 教科書を□□《じゅくどく》する。
② かべに□《あな》があいている。
③ □□《こんばん》、雪が（　　）《ふる》。
④ □□《きりつ》を守る。
⑤ □□《てつぼう》で遊ぶ。
⑥ □□《じこ》を見つめる。
⑦ 身の（　　）《ちぢむ》思いだ。
⑧ □□《ろうほう》を待つ。

11日　胸・敬・尊・拝・皇・后

25 胸

画数 10

音 キョウ
訓 むね・（むな）
部首 月（にくづき）
意味 むね。はらと首との間。心の中。

・筆順どおりに書きなさい。

―線の漢字の読み方を書きなさい。

① 胸囲。（　　）
② 胸が痛む。（　　）
③ 胸中を察する。（　　）

26 敬

画数 12

音 ケイ
訓 うやまう
部首 攵（のぶん・ぼくづくり）
意味 うやまう。つつしむ。礼ぎをつくす。つつしみ。

・筆順どおりに書きなさい。

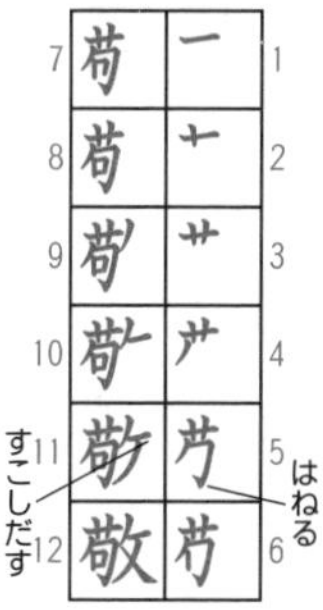

―線の漢字の読み方を書きなさい。

① 敬語。（　　）
② 祖先を敬う。（　　）
③ 敬愛する先生。（　　）

27 尊

画数 12

音 ソン
訓 たっとい・たっとぶ・とうとい・とうとぶ
部首 寸（すん）
意味 たっとい。とうとい。敬う言葉。

・筆順どおりに書きなさい。

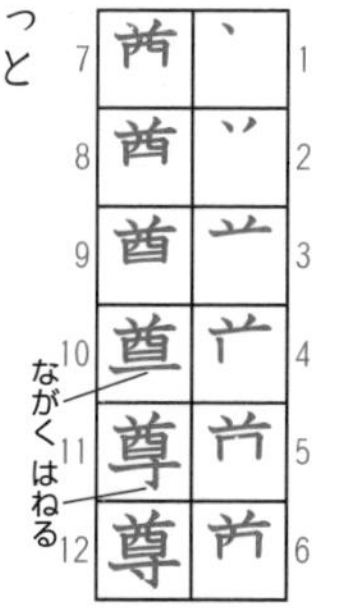

―線の漢字の読み方を書きなさい。

① 尊敬する。（　　）
② 自尊心。（　　）
③ 尊重する。（　　）
④ 尊い命（　　）

28 拝

画数 8

音 ハイ
訓 おがむ
部首 扌（てへん）
意味 おがむ。つつしみ敬う気持ちを表す言葉。

・筆順どおりに書きなさい。

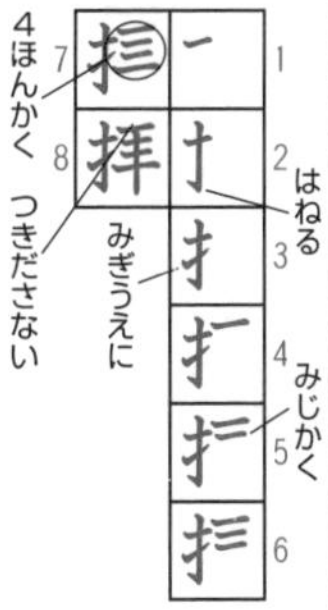

―線の漢字の読み方を書きなさい。

① 拝見する。（　　）
② 仏像を拝む。（　　）
③ 神社の拝殿《でん》。（　　）
④ 拝借する。（　　）

29 皇

画数 9

音 コウ・オウ
訓 ―
部首 白（しろ）
意味 天子。国王。天皇。

・筆順どおりに書きなさい。

―線の漢字の読み方を書きなさい。

① 天皇陛下《へいか》。（　　）
② 法皇。（　　）
③ 皇太子が留学される。（　　）

30 后

画数 6

音 コウ
訓 ―
部首 口（くち）
意味 きさき。天子・天皇の妻。のち。

・筆順どおりに書きなさい。

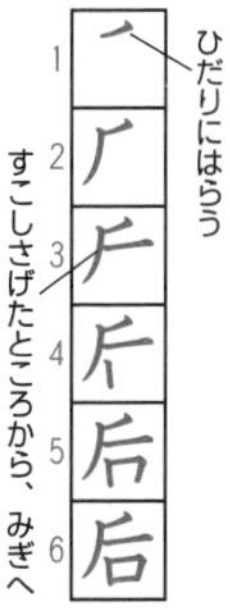

―線の漢字の読み方を書きなさい。

① 皇后。（　　）
② 皇太后。（　　）
③ 皇后陛下。（　　）

月　日

書いてみよう

時間 20分 【はやい15分・おそい25分】

合格 20問

正答 /24問

25

① □□《きょうい》を測る。

② □《むね》が痛む。

③ □□《きょうちゅう》を察する。

④ □□《どきょう》がつく。

26

① □□《けいろう》の日。

② お年寄りを（　　《うやまう》）。

③ □□《けいあい》する先生。

④ □□《けいご》を使って話す。

27

① 父母を□□《そんけい》する。

② 祖先を（　　《たっとぶ》）。

③ 人命を□□《そんちょう》する。

④ （　　《とうとい》）教え。

28

① 仏像を（　　《おがむ》）。

② 手紙を□□《はいけん》する。

③ 神社の□《はい》殿《でん》。

④ 神社に□□《さんぱい》する。

29

① □□《てんのう》陛下《へいか》。

② □□□《こうたいし》。

③ □□《ほうおう》が出席される。

④ □□《こうきょ》前広場。

30

① □□《こうごう》様。

② □□□《こうたいごう》のお姿。

③ □□《こうごう》陛下。

④ □□□《こうたいごう》の宮。

郵便はがき

お手数ですが
切手をおはり
ください。

5 5 0 - 0 0 1 3

大阪市西区新町3-3-6

受験研究社

愛読者係 行

●ご住所 □□□-□□□□

TEL(　　　　　　　　)

●お名前

※任意
(男・女)

●在学校 □保育園・幼稚園　□中学校　□専門学校・大学
□小学校　□高等学校　□その他(　　　　　)

学年
(歳)

●お買い上げ
書店名(所在地)

書店(　　　　市 区 町 村)

★すてきな賞品をプレゼント！
お送りいただきました愛読者カードは、毎年12月末にしめきり，抽選のうえ100名様にすてきな賞品をお贈りいたします。

★LINEでダブルチャンス！
公式LINEを友達追加頂きアンケートにご回答頂くと，上記プレゼントに加え，夏と冬の特別抽選会で記念品をプレゼントいたします！

※当選者の発表は賞品の発送をもってかえさせていただきます。 https://lin.ee/cWvAhtW

株式会社 増進堂 受験研究社

愛読者カード

本書をお買い上げいただきましてありがとうございます。あなたのご意見・ご希望を参考に，今後もより良い本を出版していきたいと思います。ご協力をお願いします。

1. この本の書名(本のなまえ)　　　　　　お買い上げ

年　月

2. どうしてこの本をお買いになりましたか。

□書店で見て　□先生のすすめ　□友人・先輩のすすめ　□家族のすすめで
□塾のすすめ　□WEB・SNSを見て　□その他(　　　　　)

3. 当社の本ははじめてですか。

□はじめて　□2冊目　□3冊目以上

4. この本の良い点，改めてほしい点など，ご意見・ご希望をお書きください。

5. 今後どのような参考書・問題集の発行をご希望されますか。あなたのアイデアをお書きください。

6. 塾や予備校，通信教育を利用されていますか。

塾・予備校名 [　　　　　　　　]

通信教育名　 [　　　　　　　　]

企画の参考，新刊等のご案内に利用させていただきます。　2024.2

12日　陛・干・盛・装・域・郷

31 陛

画数 10

音 ヘイ
訓 ―
部首 阝（こざとへん）
意味 天子をうやまっていう言葉。天子のごてんに上る階段。

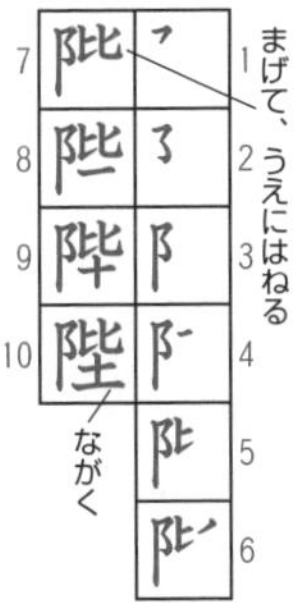
まげて、うえにはねる
ながく

・筆順どおりに書きなさい。

――線の漢字の読み方を書きなさい。

① 皇后陛下。（　　　）
② 天皇陛下。（　　　）
③ 陛下のご研究。（　　　）

32 干

画数 3

音 カン
訓 ほす・（ひる）
部首 干（かん・いちじゅう）
意味 ほす。ひあがる。関係する。

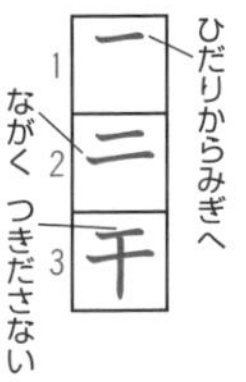
ひだりからみぎへ
ながく
つきださない

・筆順どおりに書きなさい。

――線の漢字の読み方を書きなさい。

① 潮《しお》の干満。（　　　）
② 日に干す。（　　　）
③ 干天で困る。（　　　）〔日照り〕

33 盛

画数 11

音 （セイ）・（ジョウ）
訓 もる・（さかん）・（さかる）
部首 皿（さら）
意味 供え物。さかん。

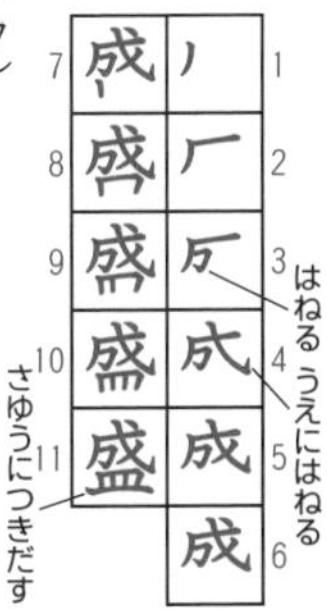
はねる
うえにはねる
さゆうにつきだす

・筆順どおりに書きなさい。

――線の漢字の読み方を書きなさい。

① 薬を盛る。（　　　）
② 盛り花。（　　　）
③ 皿に料理を盛る。（　　　）

34 装

画数 12

音 ソウ・（ショウ）
訓 （よそおう）
部首 衣（ころも）
意味 身じたくする。かざる。様子。

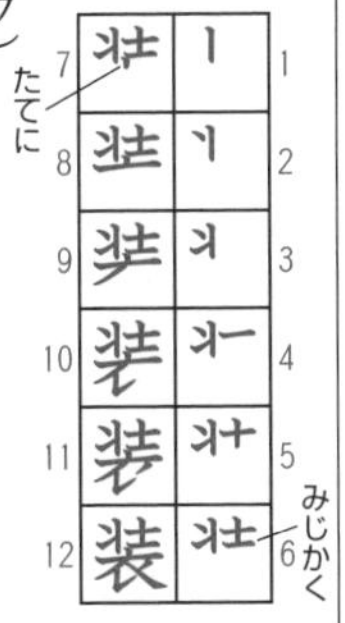
たてに
みじかく

・筆順どおりに書きなさい。

――線の漢字の読み方を書きなさい。

① 温水装置。（　　　）
② 完全装備。（　　　）
③ 服装。（　　　）
④ 仮装する。（　　　）

35 域

画数 11

音 イキ
訓 ―
部首 ｷ（つちへん）
意味 区画された一定の場所。段階。

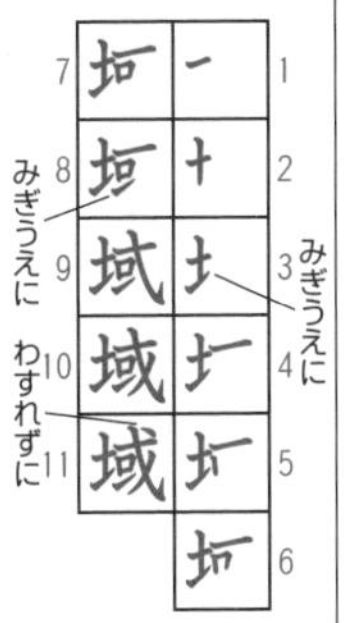
みぎうえに
わすれずに
みぎうえに

・筆順どおりに書きなさい。

――線の漢字の読み方を書きなさい。

① 川の流域。（　　　）
② 領域。（　　　）
③ 名人の域に達する。（　　　）

36 郷

画数 11

音 キョウ・（ゴウ）
訓 ―
部首 阝（おおざと）
意味 里。村里。いなか。ふるさと。場所。

はらう

・筆順どおりに書きなさい。

――線の漢字の読み方を書きなさい。

① 郷土の歴史を調べる。（　　　）
② 故郷。（　　　）
③ 同郷の友。（　　　）

書いてみよう

月　日

時間 20分【はやい15分・おそい25分】
合格 20問
正答 ／24問

31

① 皇太后□□《へいか》。

② □□□□《てんのうへいか》。

③ □□□□《こうごうへいか》。

④ □□《へいか》のご研究。

32

① □《かん》潮《ちょう》と満潮。

② ふとんを（　　）《ほす》。

③ □□《かんてん》で作物がかれる。

④ 潮《しお》の□□《かんまん》の差。

33

① 果物を（　　）《もる》。

② きれいな（　　）《もりばな》。

③ 土が（　　）《もりあがる》。

④ 薬を（　　）《もる》。

34

① 舞台《ぶたい》□□《そうち》。

② 完全□□《そうび》。

③ 赤い□□□《ほうそうし》。

④ □□《ふくそう》を着がえる。

35

① 川の□□《りゅういき》。

② 達人の□《いき》に入る。

③ 進入禁止□□《くいき》。

④ □□《りょういき》を広げる。

36

① □□《きょうど》の歴史。

② □□《こきょう》に帰る。

③ □□《どうきょう》の友。

④ □□《ぼうきょう》の念。

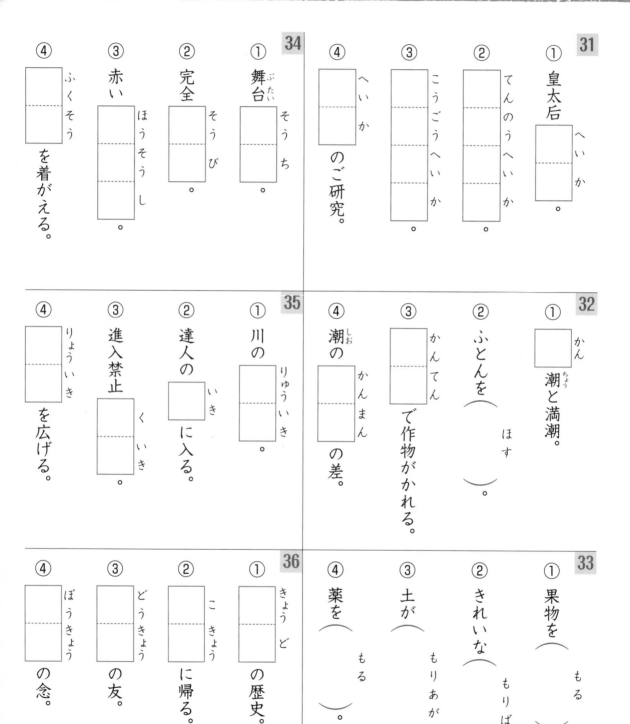

13日 復習テスト(3) 読み

月　日

時間 20分（はやい15分・おそい25分）
合格 80点（一つ4点）
得点　　点

1 ——線の漢字の読み方を書きなさい。

① ローマ教皇。
② 皇后陛下。
③ 干し物をしまう。
④ 後白河《ごしらかわ》法皇。
⑤ 皇室の方々。
⑥ 天皇陛下。
⑦ 皇族の方がそろわれる。
⑧ 干満の差が激《はげ》しい港。

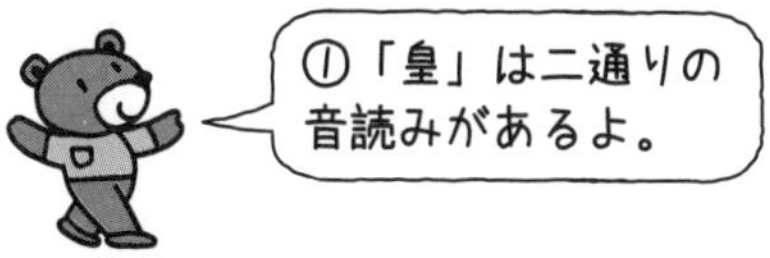

2 ——線の漢字の読み方を書きなさい。

① 胸が苦しくなる。
② 故郷に帰る。
③ 美しい装飾《しょく》。
④ 川の流域を視察する。
⑤ 薬を盛る。
⑥ 製造装置を作る。
⑦ 区域を決める。
⑧ 郷里に帰る。

3 ——線の漢字の読み方を書きなさい。

① 地域を再び盛り上げる運動。
② お年寄りを敬う。
③ 手を合わせて拝む。
④ 神仏を尊ぶ。
⑤ 度胸がいい。
⑥ お手紙拝見しました。
⑦ 私の尊敬する人。
⑧ 他国の政治に干渉《しょう》する。

復習テスト(3) 書き

月　日

時間 20分【はやい15分・おそい25分】　得点　点

合格 80点（一つ4点）

1 次の漢字を書きなさい。

① 後白河《ごしらかわ》□《ほうおう》。

② （　）《ほし》魚を焼く。

③ □《こうたいし》にお会いする。

④ □《こうたいごう》にお会いする。

⑤ □《へいか》がお見えになる。

⑥ □《こうごう》様が来られる。

⑦ □《こうきょ》前広場。

⑧ 海が□《かん》潮《ちょう》になる。

2 次の漢字を書きなさい。

① □《きょうり》へ帰る。

② □《ちいき》の（　）《もり》上げ。

③ 神仏を（　）《とうとぶ》。

④ □《ふくそう》に気を配る。

⑤ □《こきょう》をはなれる。

⑥ 製造□《そうち》を作る。

⑦ 川の□《りゅういき》。

⑧ 土手に（　）《もり》土をする。

3 次の漢字を書きなさい。

① □《むね》がどきどきする。

② 老人を（　）《うやまう》。

③ 仏像を（　）《おがむ》。

④ 意見を□《そんちょう》する。

⑤ □《けいご》を使う。

⑥ □《きょうい》を測る。

⑦ 内政に□《かん》渉《しょう》する。

⑧ お宅を□《はいけん》する。

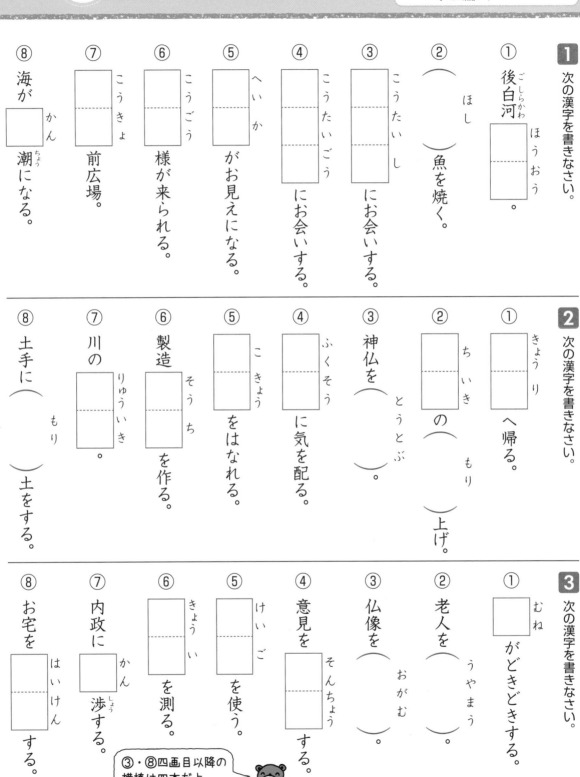

月　日

14日　忠・翌・認・処・拡・党

37 忠

画数 8

音 チュウ

訓 ―

部首 心(こころ)

意味 真心をつくすこと。真心。まこと。

●筆順どおりに書きなさい。

1	2	3	4	5	6	7	8
丶	冂	口	中	中	中（はねる）	忠	忠

忠

――線の漢字の読み方を書きなさい。

① 忠告。（　　）

② 忠義な家来。（　　）

③ 忠実に実行する。（　　）

38 翌

画数 11

音 ヨク

訓 ―

部首 羽(はね)

意味 あくる日。次の日。次の。一つ先の。

●筆順どおりに書きなさい。

1	2	3	4	5	6	7	8	9	10	11
㇆（はねる）	㇆（みぎうえに）	㇆	习（はねる）	习	羽	翌（たてに）	翌	翌	翌	翌

翌

――線の漢字の読み方を書きなさい。

① 翌日。（　　）

② 翌年。（　　）

③ 翌春には卒業する。（　　）

39 認

画数 14

音 (ニン)

訓 みとめる

部首 言(ごんべん)

意味 みとめる。許す。はっきり見定める。

●筆順どおりに書きなさい。

1	2	3・4・5	6	7	8	9	10	11	12	13	14
丶	亠	言	言	言	訁（はねる）	認	認（わすれずに）	認	認	認	認

認

――線の漢字の読み方を書きなさい。

① 認め印。（　　）

② 入学を認める。（　　）

③ コーチに認められる。（　　）

40 処

画数 5

音 ショ

訓 ―

部首 几(つくえ)

意味 ところ。場所。とどまる。しまつする。とりさばく。

●筆順どおりに書きなさい。

1	2	3	4	5
ノ	ク	夂（はらう）	夂	処（うえにはねる）

処

――線の漢字の読み方を書きなさい。

① 応急処置。（　　）

② 処理する。（　　）

③ 不用品を処分する。（　　）

41 拡

画数 8

音 カク

訓 ―

部首 扌(てへん)

意味 ひろげる。ひろがる。ひろげる。ひろめる。

●筆順どおりに書きなさい。

1	2	3	4	5	6	7	8
一	十（はねる）	扌（みぎうえに）	扌（たてに）	扩	扩	拡	拡

拡

――線の漢字の読み方を書きなさい。

① 拡大する。（　　）

② 拡散する。（　　）

③ 運動場を拡張する。（　　）

42 党

画数 10

音 トウ

訓 ―

部首 儿(ひとあし・にんにょう)

意味 仲間。政党(せいとう)。同じ考えをもつ政治家の集まり。

●筆順どおりに書きなさい。

1	2	3	4	5	6	7	8	9	10
丨（たてに）	丷	⺌	⺌	⺌	尚	尚	尚	党	党（うえにはねる）

党

――線の漢字の読み方を書きなさい。

① 野党。（　　）

② 政党政治。（　　）

③ 党員になる。（　　）

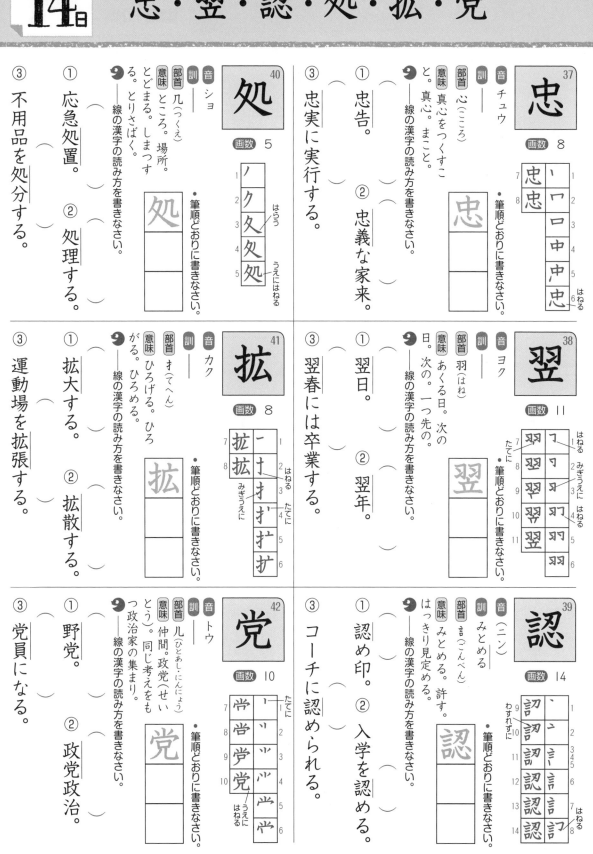

書いてみよう

月　日

時間 20分 【はやい15分・おそい25分】
合格 20問
正答 ／24問

37

① □□《ちゅうこく》する。

② □□《ちゅうせい》をちかう。

③ □□《ちゅうじつ》に守る。

④ □□《ちゅうぎ》を重んじる。

38

① □□《よくじつ》は休みだ。

② □□《よくねん》にビルが建つ。

③ □□《よくしゅう》の予定。

④ □□《よくあさ》早く起きる。

39

① 罪を（　　）《みとめる》。

② （　　）《みとめいん》をおす。

③ 入学を（　　）《みとめる》。

④ 父に（　　）《みとめられる》。

40

① 応急□□《しょち》。

② 仕事を□□《しょり》する。

③ 不用品を□□《しょぶん》する。

④ 災害に□□《たいしょ》する。

41

① 店を□□《かくちょう》する。

② ガスが□□《かくさん》する。

③ レンズで□□《かくだい》する。

④ □□□《かくせいき》。

42

① □□《せいとう》政治。

② □《とう》派《は》をこえる。

③ □□《とういん》を増やす。

④ □□《やとう》が反対する。

月　日

15日　派・刻・片・裁・著・聖

派　43

音　ハ
訓　―
部首　氵(さんずい)
意味　分かれる。分かれたもの。分ける。人をつかわす。

画数　9

・筆順どおりに書きなさい。

とめる
はらう
はらう

派

━線の漢字の読み方を書きなさい。

① 特派員。（　　）
② 派手な服。（　　）
③ 派生する。（　　）
④ 流派。（　　）

刻　44

音　コク
訓　きざむ
部首　刂(りっとう)
意味　きざむ。ほりつける。時間。きびしい。

画数　8

・筆順どおりに書きなさい。

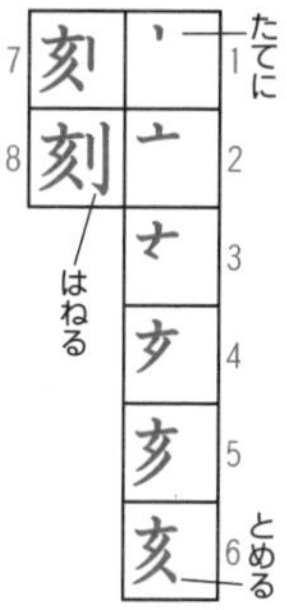

たてに
はねる
とめる

刻

━線の漢字の読み方を書きなさい。

① 時を刻む。（　　）
② 深刻。（　　）
③ バスの時刻表。（　　）

片　45

音　(ヘン)
訓　かた
部首　片(かた)
意味　かたほう。きれはし。かけら。わずか。少し。

画数　4

・筆順どおりに書きなさい。

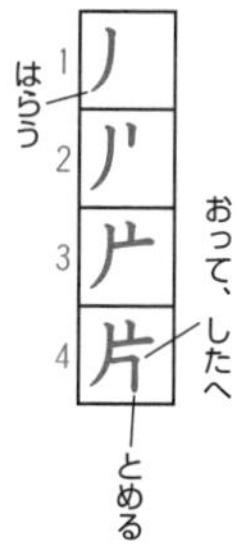

はらう
おって、したへ
とめる

片

━線の漢字の読み方を書きなさい。

① 片手。（　　）
② 片側通行。（　　）
③ 片方の手を出す。（　　）

裁　46

音　サイ
訓　(たつ)・さばく
部首　衣(ころも)
意味　布を切る。さばく。形。様子。

画数　12

・筆順どおりに書きなさい。

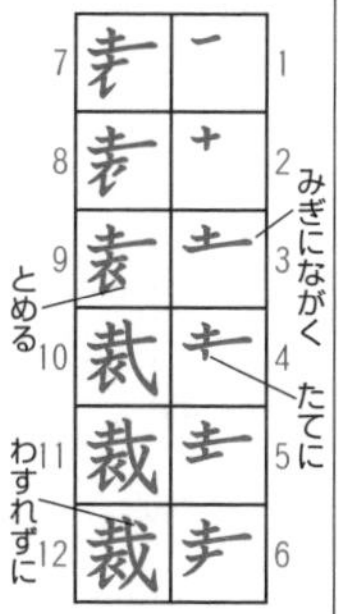

みぎにながく
とめる
たてに
わすれずに

裁

━線の漢字の読み方を書きなさい。

① 裁判所。（　　）
② 罪を裁く。（　　）
③ 議長が裁定する。（　　）

著　47

音　チョ
訓　(あらわす)・(いちじるしい)
部首　艹(くさかんむり)
意味　書物を書く。明らか。目立つ。

画数　11

・筆順どおりに書きなさい。

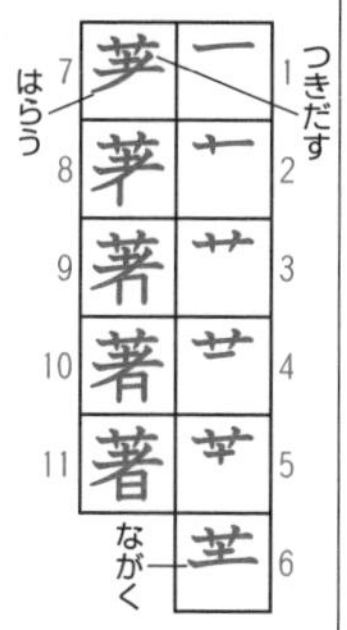

つきだす
はらう
ながく

著

━線の漢字の読み方を書きなさい。

① 本の著者。（　　）
② 著書。（　　）
③ 著名な作家。（　　）
④ 著作。（　　）

聖　48

音　セイ
訓　―
部首　耳(みみ)
意味　知徳のすぐれた人。なみはずれてすぐれた人。天子のこと。けがれない。

画数　13

・筆順どおりに書きなさい。

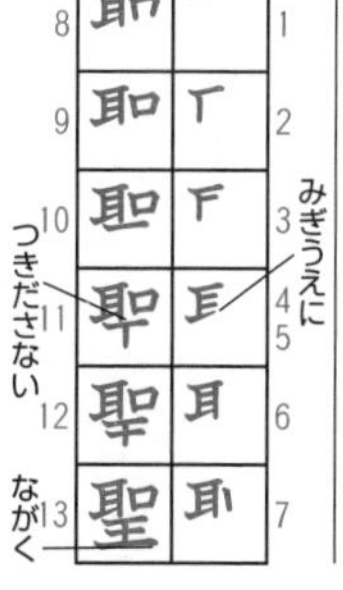

みぎうえに
つきださない
ながく

聖

━線の漢字の読み方を書きなさい。

① 聖書。（　　）
② 聖地。（　　）
③ 聖人のような人。（　　）

月　日

書いてみよう

時間 20分【はやい15分・おそい25分】
合格 20問
正答 ／24問

43

① □□□《はしゅつじょ》。

② □□《はで》な洋服。

③ アメリカへ□《は》遣《けん》する。

④ 生け花の□□《りゅうは》。

44

① 時を（　）《きざむ》。

② □□《しんこく》な様子。

③ □□□《じこくひょう》を見る。

④ □□《こくげん》におくれる。

45

① □□《かたて》で持つ。

② □□《かたほう》の足を出す。

③ □□《かたとき》も忘れない。

④ □□《かたがわ》通行。

46

① □□□《さいばんしょ》。

② 議長が□□《さいてい》する。

③ 判事が□□《さいけつ》を下す。

④ 罪を（　）《さばく》。

47

① 本の□□《ちょしゃ》。

② □□□《ちょさくけん》。

③ 先生の□□《ちょしょ》。

④ □□《ちょめい》な作家。

48

① 新約□□《せいしょ》。

② イスラム教の□□《せいち》。

③ □□《せいじん》君子。

④ □□《しんせい》な場所。

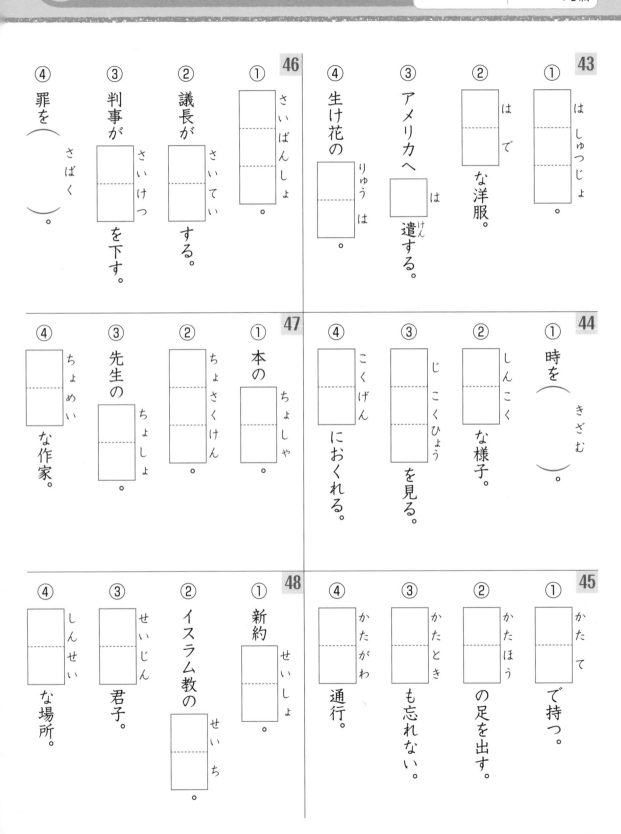

16日 冊・至・奮・将・我・巻

冊 49

音 サツ・(サク)
訓 —
部首 冂(どうがまえ・けいがまえ・まきがまえ)
意味 書物を数える言葉。書物。書きつけ。

画数 5

・筆順どおりに書きなさい。

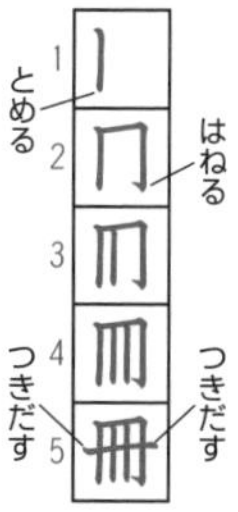

——線の漢字の読み方を書きなさい。

① 一冊の本。
② 冊子。
③ 分冊の多い事典。

至 50

音 シ
訓 いたる
部首 至(いたる)
意味 とどく。およぶ。行きつく。この上ない。きわみ。

画数 6

・筆順どおりに書きなさい。

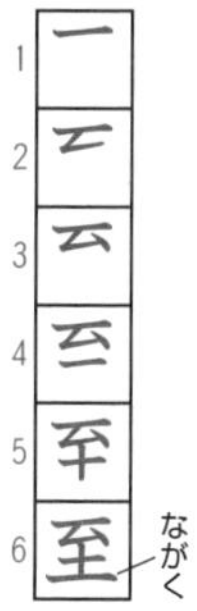

——線の漢字の読み方を書きなさい。

① 至急の用事。
② 至る所。
③ 至難《なん》のわざ。
④ 至上命令。

奮 51

音 フン
訓 ふるう
部首 大(だい)
意味 ふるう。ふるいたつ。はげむ。おこる。

画数 16

・筆順どおりに書きなさい。

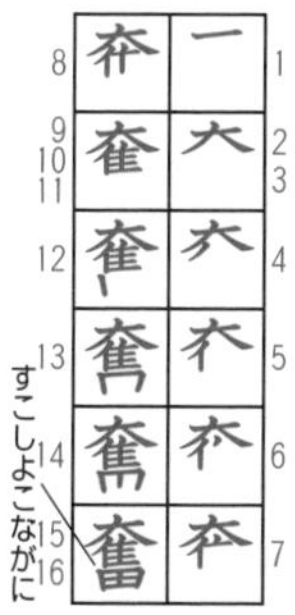

——線の漢字の読み方を書きなさい。

① 興奮する。
② 奮い立つ。
③ 大いに奮起する。

将 52

音 ショウ
訓 —
部首 寸(すん)
意味 ひきいる人。まさに。まさに…せんとする。

画数 10

・筆順どおりに書きなさい。

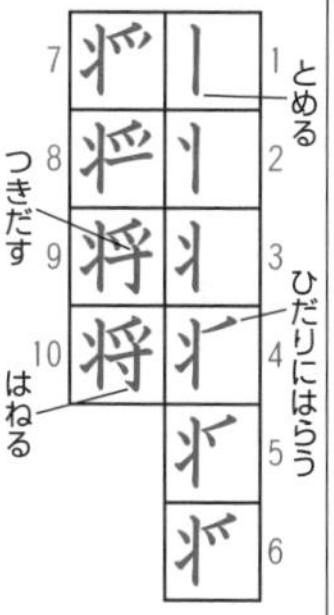

——線の漢字の読み方を書きなさい。

① 将軍。
② 将来。
③ 野球部の主将。

我 53

音 (ガ)
訓 われ・(わ)
部首 戈(ほこづくり・ほこがまえ)
意味 われ。わたくし。自分。気まま。自分だけ考える。

画数 7

・筆順どおりに書きなさい。

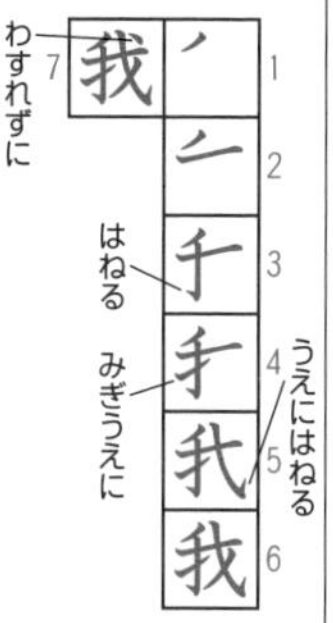

——線の漢字の読み方を書きなさい。

① 我ながら。
② 我に返る
③ 我先にと走り出す。

巻 54

音 カン
訓 まく・まき
部首 㔾(わりふ・ふしづくり)
意味 まく。まいたもの。巻き物。書物を数える語。

画数 9

・筆順どおりに書きなさい。

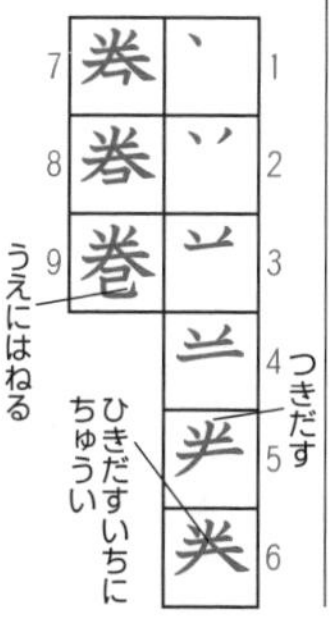

——線の漢字の読み方を書きなさい。

① 上巻。
② 絵巻物。
③ ひもを巻く。

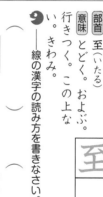

書いてみよう

時間 20分 【はやい15分・おそい25分】
合格 20問
正答 /24問

49

① □□《いっさつ》の本。
② 旅の□□□《しょうさっし》。
③ □□《ぶんさつ》の多い事典。
④ □□《べっさつ》の付録。

50

① □□《しきゅう》の用事。
② （　《いたる》）所に穴がある。
③ □《し》難《なん》のわざである。
④ □□《しじょう》命令を受ける。

51

① □□《こうふん》する。
② 勇気を（　《ふるう》）。
③ □□《ふんき》をうながす。
④ □□《はっぷん》して勉強する。

52

① □□《しょうぐん》の命令。
② □□《しょうらい》に備える。
③ □《しょう》棋《ぎ》をさす。
④ 野球部の□□《しゅしょう》。

53

① □《われ》に返る
② □《われ》ながら感心する。
③ □□《われさき》にと走り出す。
④ □《われ》を忘れて取り組む。

54

① 小説の□□《じょうかん》。
② 包帯を（　《まく》）。
③ □□□《えまきもの》。
④ □□《かんまつ》の表。

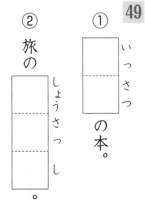

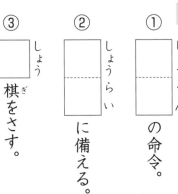

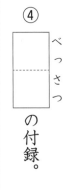

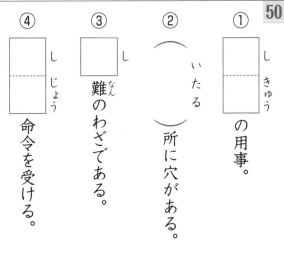

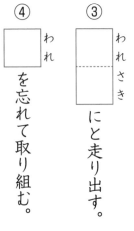

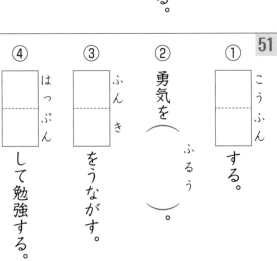

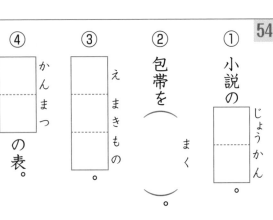

月　日

時間 20分【はやい15分・おそい25分】 合格 80点(一つ4点) 得点　点

1 ――線の漢字の読み方を書きなさい。

① 心に深く刻む。（　）
② 翌日は雪になった。（　）
③ 党内の意見をまとめる。（　）
④ 国宝の絵巻物。（　）
⑤ 刻限に間に合う。（　）
⑥ 忠告を聞き入れる。（　）
⑦ 地図を拡大する。（　）
⑧ 派手な色の洋服。（　）

2 ――線の漢字の読み方を書きなさい。

① 片道の乗車券。（　）
② 裁判所で罪を裁く。（　）（　）
③ 著者の名前を覚える。（　）
④ イスラム教の聖地。（　）
⑤ 勇気を奮い起こす。（　）
⑥ ふと我に返る。（　）
⑦ 不用品を処分する。（　）
⑧ 努力が認められる。（　）

3 ――線の漢字の読み方を書きなさい。

① 別冊の付録が付く。（　）
② 興奮して眠《ねむ》れない。（　）
③ 至る所でさわぐ。（　）
④ 将来は学者になりたい。（　）
⑤ 巻数を数える。（　）
⑥ 戦国時代の武将。（　）
⑦ お年玉を奮発する。（　）
⑧ 至上命令。（　）

復習テスト(4) 書き

月　日

時間 20分 【はやい15分・おそい25分】
合格 80点 (一つ4点)
得点　点

1 次の漢字を書きなさい。

① 生け花の□□《りゅうは》。
② 糸を（　）《まき》取る。
③ 時を（　）《きざむ》時計の音。
④ 友人の□□《ちゅうこく》を聞く。
⑤ □□《よくじつ》の配達。
⑥ 国会の□□《やとう》。
⑦ うわさを□□《かくさん》する。
⑧ □□□《じこくひょう》を買う。

2 次の漢字を書きなさい。

① （　）《みとめ》印をおす。
② 虫歯の□□《しょち》をする。
③ 約束を□□《ちゅうじつ》に守る。
④ 悪に□□《せいさい》を加える。
⑤ □□《かたて》で持つ。
⑥ □《われ》を忘れて見つめる。
⑦ □□《ちょめい》な作家。
⑧ □□□《さいばんしょ》を訪ねる。

3 次の漢字を書きなさい。

① 全集の□□□《だいいっかん》。
② （　）《いたる》所に穴がある。
③ 思わず□□《こうふん》する。
④ □□《しょうらい》を約束される。
⑤ □□《いっさつ》の□□《せいしょ》。
⑥ 試合を前に（　）《ふるい》立つ。
⑦ 忍術《にんじゅつ》の□□《まきもの》。
⑧ 大□□《しきゅう》届ける。

18日 まとめテスト(2) 読み

月　日

時間 20分【はやい15分・おそい25分】　合格 80点（一つ4点）　得点　点

1 ――線の漢字の読み方を書きなさい。

① 翌日に支《し》払《はら》う。（　）
② 聖域をおかすな。（　）（　）
③ 天皇陛下。（　）
④ 干満の差が大きい港。（　）
⑤ 皇后にお会いする。（　）
⑥ 大盛りのご飯。（　）
⑦ 発言を認める。（　）
⑧ てきぱきと処理する。（　）

2 ――線の漢字の読み方を書きなさい。

① 党員を増やす。（　）
② 悪人を裁く。（　）
③ 著者を調べる。（　）
④ 胸を張って歩く。（　）
⑤ 運動場を拡張する。（　）
⑥ 時刻を確かめる。（　）
⑦ 至急、集まりなさい。（　）
⑧ 興奮して眠《ねむ》れない。（　）

3 ――線の漢字の読み方を書きなさい。

① 新しい装置。（　）
② 神社に参拝する。（　）
③ 我らの世代の将来。（　）（　）（　）
④ 新聞社の特派員。（　）（　）
⑤ 祖先を敬う心。（　）
⑥ 神仏を尊ぶ。（　）
⑦ 全集の巻数。（　）
⑧ 学校の区域を分ける。（　）

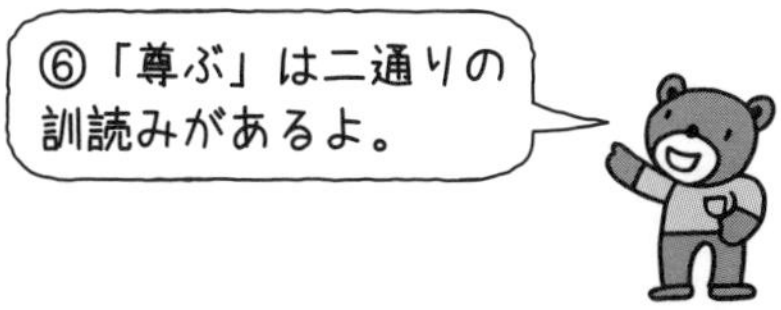

まとめテスト(2) 書き

月　日

時間 20分【はやい15分・おそい25分】
合格 80点（一つ4点）
得点　点

1 次の漢字を書きなさい。

① □□□□《こうごうへいか》。
② 送別会が（　　）《もり》上がる。
③ □□《ふくそう》を整える。
④ □□《こきょう》へ帰る。
⑤ 友人の□□《ちゅうこく》を聞く。
⑥ □□《いっさつ》の□□《ちょしょ》。
⑦ □□《りょういき》を広げる。
⑧ 洗濯物《せんたくもの》を（　　）《ほす》。

2 次の漢字を書きなさい。

① 事業を□□《かくだい》する。
② □□《しきゅう》の呼《よ》び出し。
③ 生け花の□□《りゅうは》。
④ □□□《じこくひょう》を見る。
⑤ □□《さいばん》をやり直す。
⑥ □□《せいじん》の教えに学ぶ。
⑦ □□《しょうらい》を期待される。
⑧ □□《かたて》で荷物を持つ。

3 次の漢字を書きなさい。

① □《むね》がいっぱいになる。
② 兄の□□《そんけい》する人物。
③ 神仏を（　　）《おがむ》。
④ 罪を（　　）《みとめる》。
⑤ □□《われさき》にとにげ出す。
⑥ 国会の□□《やとう》。
⑦ □□《よくしゅう》の予定。
⑧ 後白河《ごしらかわ》□□《ほうおう》。

19日　寸・討・呼・賃・縦・紅

55 寸

音 スン
訓 ―
部首 寸(すん)
意味 長さの単位。約三・〇三センチメートル。長さ。寸法。わずか。少し。

画数 3

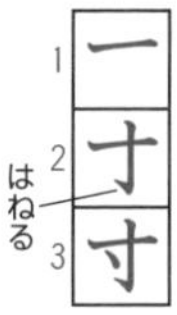

はねる

• 筆順どおりに書きなさい。

——線の漢字の読み方を書きなさい。

① 寸法。（　　）
② 発車寸前。（　　）
③ 寸志をわたす。（　　）

56 討

音 トウ
訓 (うつ)
部首 言(ごんべん)
意味 うつ。せめる。たずねる。よく調べる。

画数 10

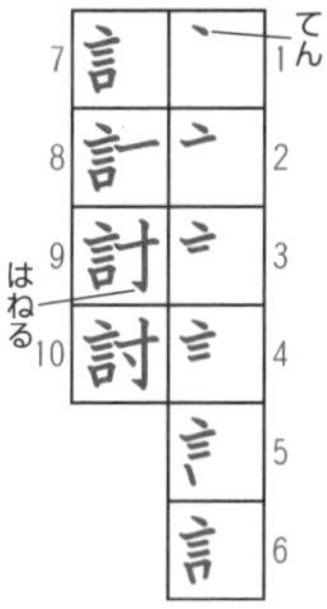

てん
はねる

• 筆順どおりに書きなさい。

——線の漢字の読み方を書きなさい。

① 検討する。（　　）
② 討議する。（　　）
③ 討論会を開く。（　　）

57 呼

音 コ
訓 よぶ
部首 口(くちへん)
意味 よぶ。息をはく。はく息。名づける。

画数 8

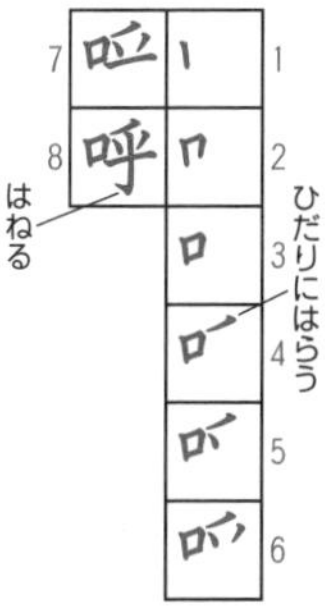

はねる
ひだりにはらう

• 筆順どおりに書きなさい。

——線の漢字の読み方を書きなさい。

① 点呼。（　　）
② 深呼吸。（　　）
③ 友人を呼ぶ。（　　）
④ 呼応する。（　　）

58 賃

音 チン
訓 ―
部首 貝(かい・こがい)
意味 やとい人にはらうお金。代価としてはらうお金。

画数 13

ひだりにはらう
ながく

• 筆順どおりに書きなさい。

——線の漢字の読み方を書きなさい。

① 賃金。（　　）
② 運賃。（　　）
③ 家賃が高い。（　　）
④ 賃上げ。（　　）

59 縦

音 ジュウ
訓 たて
部首 糸(いとへん)
意味 たて。思いどおりにする。勝手にする。

画数 16

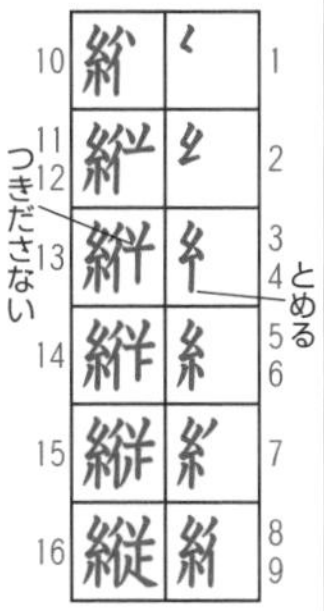

つきださない
とめる

• 筆順どおりに書きなさい。

——線の漢字の読み方を書きなさい。

① 縦の線。（　　）
② 操縦する。（　　）
③ 縦横に暴れ回る。（　　）

60 紅

音 コウ・(ク)
訓 べに・(くれない)
部首 糸(いとへん)
意味 くれない。あざやかな赤い色。べに。女の人。

画数 9

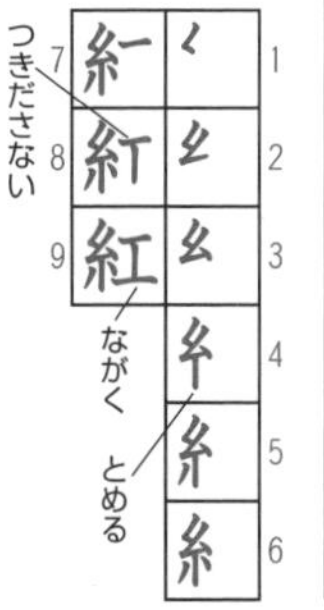

つきださない
ながく
とめる

• 筆順どおりに書きなさい。

——線の漢字の読み方を書きなさい。

① 紅白の幕。（　　）
② 口紅。（　　）
③ 紅茶を飲む。（　　）
④ 紅葉。（　　）

書いてみよう

月　日

時間 20分【はやい15分・おそい25分】
合格 20問
正答　／24問

55

① □□《いっすん》のくぎ。
② 服の□□《すんぽう》をとる。
③ 発車□□《すんぜん》の電車。
④ □□《すんし》をわたす。

56

① □□□《とうろんかい》。
② 敵を□□《ついとう》する。
③ 役員会で□□《とうぎ》する。
④ 問題を□□《けんとう》する。

57

① □□《こき》と吸気。
② □□□《しんこきゅう》をする。
③ 名前を（　《よぶ》）。
④ □□《てんこ》を取る。

58

① □□《ちんぎん》をもらう。
② バスの□□《うんちん》。
③ □□《やちん》が高くなる。
④ □□□《でんしゃちん》。

59

① □《たて》の線。
② □□《じゅうおう》に活躍《かつやく》する。
③ 飛行機を□□《そうじゅう》する。
④ 日本を□□《じゅうだん》する。

60

① □□《こうはく》の幕。
② □□《くちべに》をつける。
③ □□《こうちゃ》を飲む。
④ □□□《こういってん》。

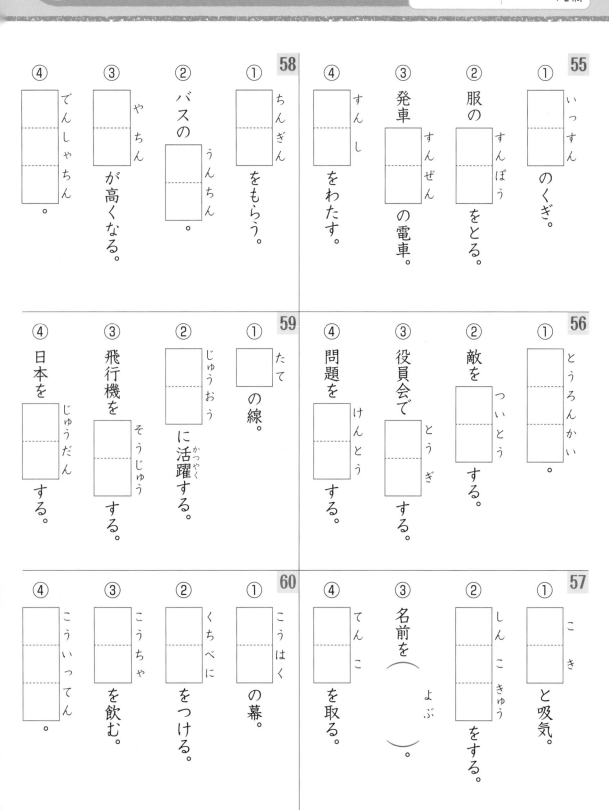

20日　潮・尺・納・層・泉・厳

潮 61

画数 15

音 チョウ
訓 しお
部首 氵（さんずい）
意味 海水。海水が一定時間に満ちたりひいたりする現象。世の移り変わり。

・筆順どおりに書きなさい。（はらう・はねる）

——線の漢字の読み方を書きなさい。

① 潮風。（　）
② 潮干《ひ》狩《が》り。（　）
③ 満潮の時間。（　）
④ 潮流。（　）

尺 62

画数 4

音 シャク
訓 —
部首 尸（かばね・しかばね）
意味 長さの単位。約三〇・三センチメートル。長さ。ものさし。

・筆順どおりに書きなさい。（はらう・ここにつける・はらう）

——線の漢字の読み方を書きなさい。

① 尺八。（　）
② 尺度。（　）
③ 一万分の一の縮尺。（　）

納 63

画数 10

音 ノウ・（ナッ）・（ナ）・（ナン）・（トウ）
訓 おさめる・おさまる
部首 糸（いとへん）
意味 受け入れる。しまう。入れる。おさめる。

・筆順どおりに書きなさい。（とめる・はねる・とめる）

——線の漢字の読み方を書きなさい。

① 納入する。（　）
② 収納する。（　）
③ 税金を納める。（　）
④ 納期。（　）

層 64

画数 14

音 ソウ
訓 —
部首 尸（かばね・しかばね）
意味 重なり。重なる。同類の人々。二階以上の高い建物。

・筆順どおりに書きなさい。（はらう）

——線の漢字の読み方を書きなさい。

① 選手の層が厚い。（　）
② 高層建築。（　）
③ 地層。（　）

泉 65

画数 9

音 セン
訓 いずみ
部首 水（みず）
意味 いずみ。地中からわき出る水。みなもと。

・筆順どおりに書きなさい。（はらう・はねる）

——線の漢字の読み方を書きなさい。

① 温泉。（　）
② 源泉。（　）
③ 泉のほとり。（　）
④ 泉水。（　）

厳 66

画数 17

音 ゲン・（ゴン）
訓 きびしい・（おごそか）
部首 ⺍（つかんむり）
意味 きびしい。おごそか。

・筆順どおりに書きなさい。（みぎうえに）

——線の漢字の読み方を書きなさい。

① 厳しい冬。（　）
② 時間厳守。（　）
③ 厳重な警戒《けいかい》。（　）
④ 厳禁。（　）

書いてみよう

月　日

時間 20分【はやい15分・おそい25分】
合格 20問
正答 　/24問

61

① □《しお》干《ひ》狩《が》り。
② □□《しおかぜ》がふく。
③ □□《まんちょう》の時間。
④ 社会の□□《ふうちょう》。

62

① □□《いっしゃく》の寸法。
② □□《しゃくはち》をふく。
③ 値打ちを決める□□《しゃくど》。
④ □□《しゅくしゃく》五万分の一。

63

① 製品の□□《のうにゅう》。
② 税金を（　　）《おさめる》。
③ 倉庫に□□《しゅうのう》する。
④ □□□《のうひんしょ》。

64

① □□《こうそう》ビル。
② 選手の□《そう》が厚い。
③ □□《ちそう》を調べる。
④ 世代間の□□《だんそう》。

65

① □《いずみ》のほとり。
② 裏の庭の□□《せんすい》。
③ □□《おんせん》へ行く。
④ 知識の□□《げんせん》。

66

① （　　）《きびしい》寒さ。
② □□《げんじゅう》な警戒《けいかい》。
③ □□《げんせい》な態度。
④ 時間□□《げんしゅ》。

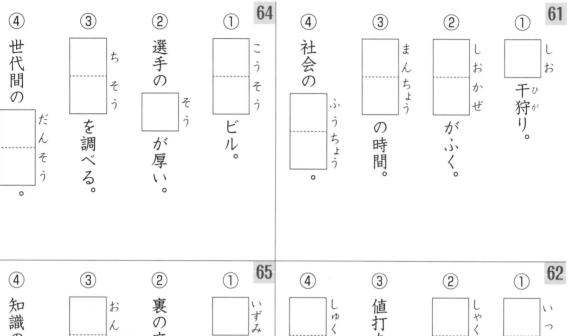

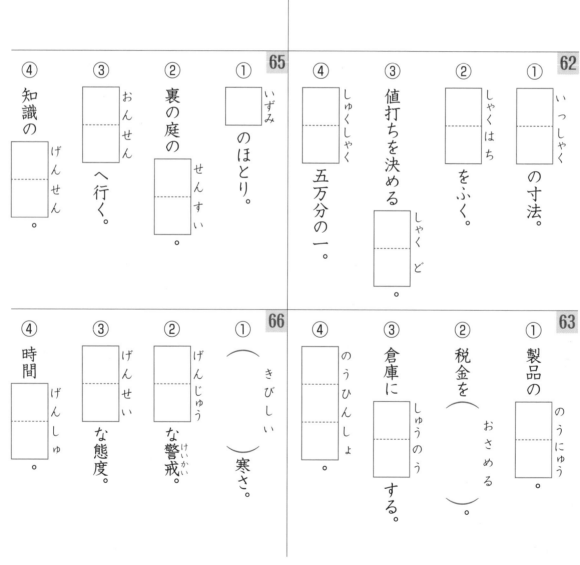

21日 腸・胃・銭・恩・券

腸 67

画数 13

音 チョウ

訓 ―

部首 月（にくづき）

意味 食べ物を細かくして、養分をすう管。

・筆順どおりに書きなさい。

はねる　わすれずに　はねる

● ―線の漢字の読み方を書きなさい。

① 小腸。（　　）

② 大腸。（　　）

③ 胃《い》腸薬。（　　）

④ もう腸の手術。（　　）

胃 68

画数 9

音 イ

訓 ―

部首 肉（にく）

意味 食道と腸の間にあって食べた物をこなす所。

・筆順どおりに書きなさい。

とめる　はねる

● ―線の漢字の読み方を書きなさい。

① 胃袋《ぶくろ》。（　　）

② 胃の病気。（　　）

③ 胃腸薬。（　　）

④ 胃酸《さん》。（　　）

銭 69

画数 14

音 セン

訓 （ぜに）

部首 金（かねへん）

意味 金属のお金。円の百分の一。

・筆順どおりに書きなさい。

とめる　うえにはねる　わすれずに

● ―線の漢字の読み方を書きなさい。

① 金銭台帳。（　　）

② 銭湯。（　　）

③ 神社のお賽《さい》銭。（　　）

恩 70

画数 10

音 オン

訓 ―

部首 心（こころ）

意味 人から受けた世話や親切。めぐむ。かわいがる。

・筆順どおりに書きなさい。

はねる

● ―線の漢字の読み方を書きなさい。

① 命の恩人。（　　）

② 謝恩会。（　　）

③ 親の恩。（　　）

④ 恩返し。（　　）

券 71

画数 8

音 ケン

訓 ―

部首 刀（かたな）

意味 約束の印の書きもの。きっぷのこと。

・筆順どおりに書きなさい。

うえのほうからひきだす　つきだしてはらう　はねる　つきださない

● ―線の漢字の読み方を書きなさい。

① 乗車券。（　　）

② 入場券。（　　）

③ 招待券。（　　）

④ 旅券。（　　）

知っとく　部首の「にくづき」

「月」という形の部首には、「つきへん」と「にくづき」の二つがあります。

「にくづき」は「肉」に関係する漢字に使われることが多く、「腸」の他に「胸・臓・脳・肺・腹」などがあります。

「つきへん」の漢字には、「服」があります。

書いてみよう

時間 20分【はやい15分・おそい25分】
合格 16問
正答 /20問

67

① 長い□□《しょうちょう》。
② □□《だいちょう》の検査。
③ もう□《ちょう》の手術。
④ □《ちょう》チフスにかかる。

68

① □《い》の大きさ。
② □《い》がじょうぶだ。
③ □《い》の具合が悪い。
④ □□□《いちょうやく》を飲む。

69

① お賽《さい》□□《せんばこ》。
② 近所の□□《せんとう》。
③ □□《あくせん》身に付かず
④ □□《きんせん》台帳を調べる。

70

① 親の□《おん》。
② 命の□□《おんじん》。
③ □□□《しゃおんかい》。
④ □□《おんし》に会う。

71

① □□□《じょうしゃけん》。
② □□□《にゅうじょうけん》を買う。
③ □□□《しょうたいけん》をもらう。
④ □□《りょけん》を見せる。

知っとく　三字熟語の組み立て

三字熟語の組み立てには、「一字＋一字＋一字」「一字＋二字」「二字＋一字」があります。

「乗車券」は「乗車＋券」、「入場券」は「入場＋券」なので、どちらも「二字＋一字」の組み立てです。

「一字＋一字＋一字」の組み立ての熟語には、「松竹梅」があります。

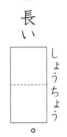

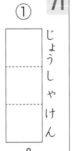

22日 復習テスト(5) 読み

月　日

時間 20分【はやい15分・おそい25分】
合格 80点（一つ4点）
得点　点

1 ――線の漢字の読み方を書きなさい。

① 討論会を開く。
② 泉がわき出す。
③ 厳しい冬の寒さ。
④ 寸時もおろそかにしない。
⑤ よく検討する。
⑥ 胃腸がいたむ。
⑦ 銭湯に行く。
⑧ 厳正に審査《しんさ》する。

2 ――線の漢字の読み方を書きなさい。

① 飛行機の操縦席。
② 深呼吸をする。
③ 秋の山が紅葉する。
④ 家賃の安いアパート。
⑤ 口紅を選ぶ。
⑥ 友達に呼ばれる。
⑦ 縦じまのセーター。
⑧ 恩師に会う。

3 ――線の漢字の読み方を書きなさい。

① 高層建築。
② 満潮時に出航する。
③ 遠足費が未納だ。
④ 地図の縮尺。
⑤ 引き潮を待つ。
⑥ 入場券を買う。
⑦ 税金を納める。
⑧ 寸と尺は昔の長さの単位。

復習テスト(5) 書き

月	日

時間 20分 【はやい15分・おそい25分】
合格 80点 （一つ4点）
得点 点

1 次の漢字を書きなさい。

① よく□《けんとう》する。
② □《げんじゅう》に注意する。
③ □《いっすん》は約三センチ。
④ 森の中の□《いずみ》。
⑤ □《とうろん》会での発言。
⑥ □《すんじ》をおしんで学ぶ。
⑦ 寒さの（　）《きびしい》北国。
⑧ □《いちょう》の薬。

2 次の漢字を書きなさい。

① □《くちべに》をつける。
② □《やちん》を（　）《おさめる》。
③ □《たて》につらぬく大通り。
④ 家に（　）《よび》もどす。
⑤ □《きんせん》の感覚。
⑥ □《こうよう》した山の木々。
⑦ □《じゅうおう》に走る道路。
⑧ □《しんこきゅう》をする。

3 次の漢字を書きなさい。

① □《ちょうりゅう》の速い海域。
② □《おんし》に感謝する。
③ 商品を□《のうにゅう》する。
④ 都心の□《こうそう》建築。
⑤ 太平洋の□《くろしお》。
⑥ 洋服の□《すんぽう》。
⑦ □《ちそう》を調べる。
⑧ □《しゅくしゃく》五万分の一。

難・鋼・革・純・激・蔵

72 難

音 ナン
訓 むずかしい・（かたい）
部首 隹（ふるとり）
意味 むずかしい。欠点をせめる。災い。
画数 18

・筆順どおりに書きなさい。

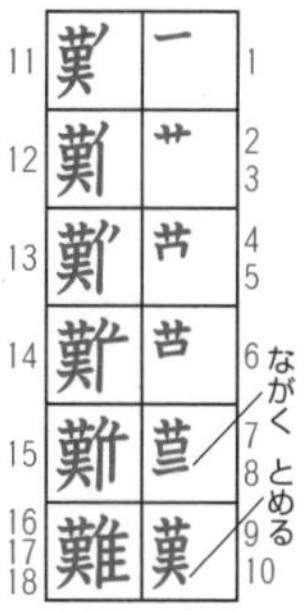

●――線の漢字の読み方を書きなさい。

① 難問。（　　）
② 難しい文章。（　　）
③ 会議が難航する。（　　）

73 鋼

音 コウ
訓 （はがね）
部首 金（かねへん）
意味 きたえて強くした鉄。
画数 16

・筆順どおりに書きなさい。

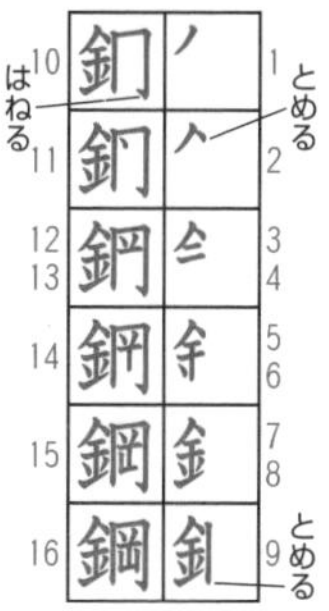

●――線の漢字の読み方を書きなさい。

① 鋼材。（　　）
② 鉄鋼。（　　）
③ 製鋼所。（　　）

74 革

音 カク
訓 （かわ）
部首 革（かくのかわ・つくりがわ）
意味 けものの毛をとった皮。改まる。改める。
画数 9

・筆順どおりに書きなさい。

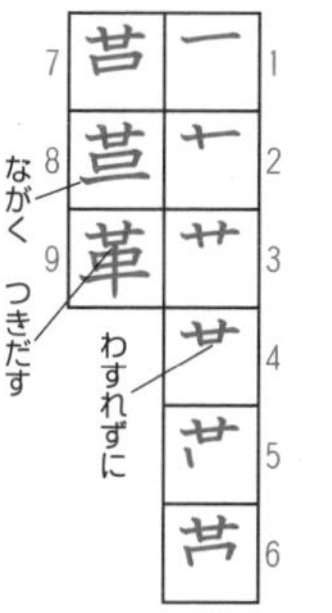

●――線の漢字の読み方を書きなさい。

① 改革。（　　）
② 変革。（　　）
③ 皮革製品。（　　）
④ 革新政党。（　　）

75 純

音 ジュン
訓 ―
部首 糸（いとへん）
意味 混じり気がない。自然のままでかざらない。
画数 10

・筆順どおりに書きなさい。

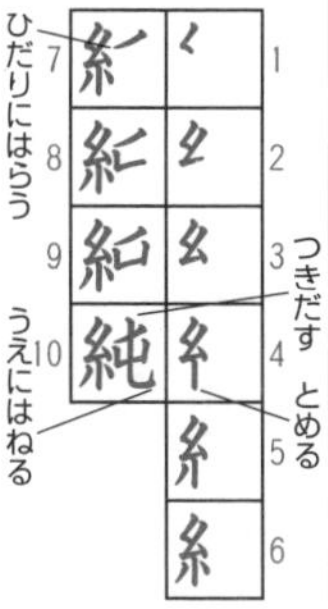

●――線の漢字の読み方を書きなさい。

① 単純。（　　）
② 純白の雪。（　　）
③ 純真な心。（　　）
④ 不純。（　　）

76 激

音 ゲキ
訓 はげしい
部首 氵（さんずい）
意味 勢いが強い。さえぎる。すみやか。
画数 16

・筆順どおりに書きなさい。

●――線の漢字の読み方を書きなさい。

① 激動する。（　　）
② 感激する。（　　）
③ 激しく口論する。（　　）

77 蔵

音 ゾウ
訓 （くら）
部首 艹（くさかんむり）
意味 くら。しまっておく。かくれる。たくわえる。
画数 15

・筆順どおりに書きなさい。

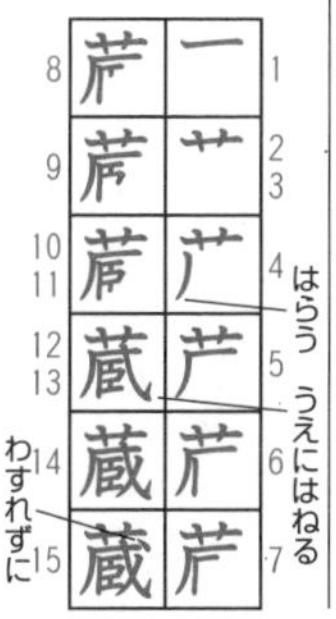

●――線の漢字の読み方を書きなさい。

① 蔵書。（　　）
② 冷蔵庫。（　　）
③ 名画を所蔵する。（　　）

書いてみよう

月　日

時間 20分【はやい15分・おそい25分】

合格 20問

正答　/24問

72

① □□《こんなん》な問題。

② （　　）《むずかしい》文章。

③ 会議が□□《なんこう》する。

④ □□《なんもん》に答える。

73

① □□《こうざい》の運搬《うんぱん》。

② かたい□□《こうてつ》。

③ □□□《せいこうじょ》。

④ □□《てっこう》業界の動向。

74

① フランス□□《かくめい》。

② □□《ひかく》製品。

③ □□《かくしん》政党。

④ 意識□□《かいかく》をする。

75

① □□《じゅんぱく》の雪。

② □《じゅん》粋《すい》な気持ち。

③ □□《じゅんしん》な心。

④ □□《たんじゅん》な考え。

76

① □□《げきどう》する社会。

② 名曲に□□《かんげき》する。

③ （　　）《はげしい》風雨。

④ □□《げきろん》をかわす。

77

① 先生の□□《ぞうしょ》。

② □□□《れいぞうこ》。

③ 名画を□□《しょぞう》する。

④ 米を□□《ちょぞう》する。

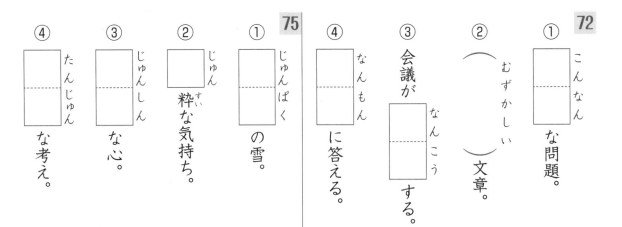

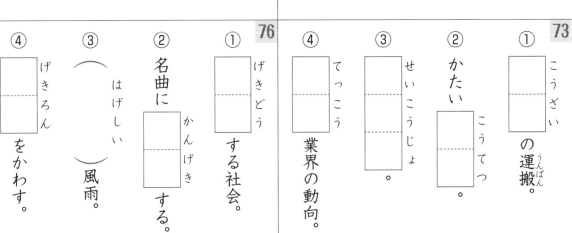

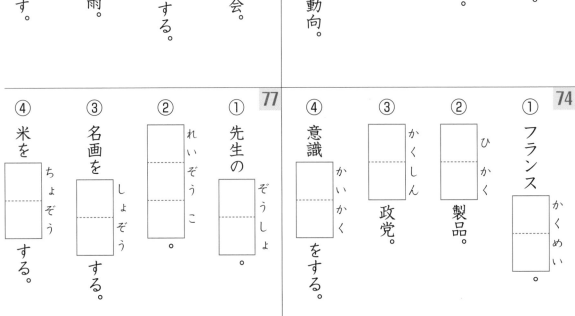

月　　日

24日　欲・系・臨・劇・閣・郵

欲　78

画数 11

音 ヨク

訓 （ほっする）・（ほしい）

部首 欠（あくび・かける）

意味 望む。ほっする。ほしいと思う。よく。

・筆順どおりに書きなさい。

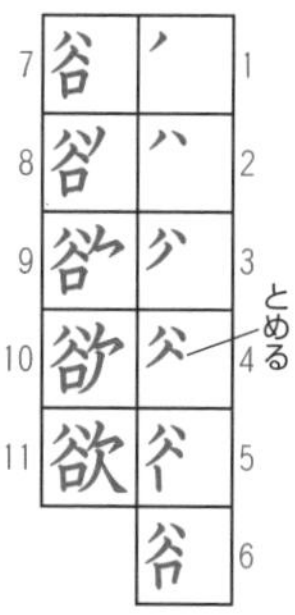

とめる

―線の漢字の読み方を書きなさい。

① 無欲な人。（　　）
② 欲求。（　　）
③ 食欲がない。（　　）
④ 意欲。（　　）

系　79

画数 7

音 ケイ

訓 ―

部首 糸（いと）

意味 つながり。血すじ。つながりのあるひとまとまりのもの。

・筆順どおりに書きなさい。

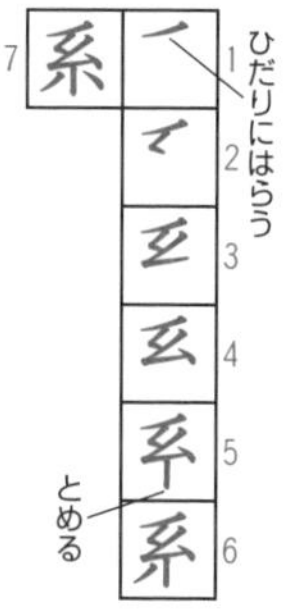

ひだりにはらう
とめる

―線の漢字の読み方を書きなさい。

① 太陽系。（　　）
② 家系。（　　）
③ 系図。（　　）
④ 系列会社。（　　）

臨　80

画数 18

音 リン

訓 （のぞむ）

部首 臣（しん）

意味 面している。そのとき、その場に当たる。

・筆順どおりに書きなさい。

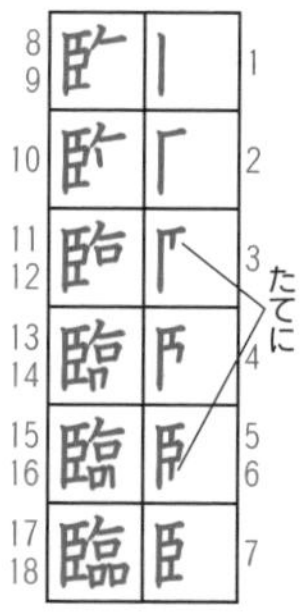

たてに

―線の漢字の読み方を書きなさい。

① 臨時列車。（　　）
② 臨海学校。（　　）
③ 臨機応変な行動をとる。（　　）

劇　81

画数 15

音 ゲキ

訓 ―

部首 刂（りっとう）

意味 はげしい。はなはだしい。非常にいそがしい。しばい。

・筆順どおりに書きなさい。

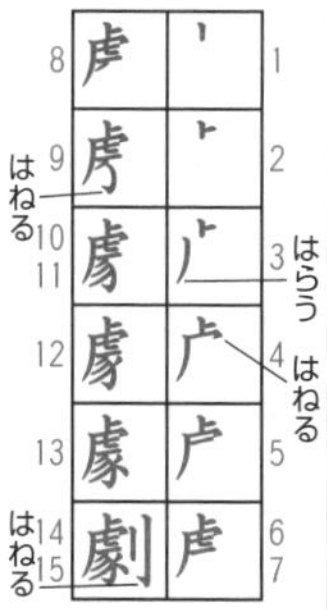

はらう
はねる
はねる
はねる

―線の漢字の読み方を書きなさい。

① 劇場。（　　）
② 演劇。（　　）
③ 悲劇の主人公。（　　）

閣　82

画数 14

音 カク

訓 ―

部首 門（もんがまえ）

意味 高どの。二階以上の高い建物。内閣。

・筆順どおりに書きなさい。

とめる
はねる

―線の漢字の読み方を書きなさい。

① 閣下の命令に従う。（　　）
② 閣議を開く。（　　）
③ 内閣。（　　）

郵　83

画数 11

音 ユウ

訓 ―

部首 阝（おおざと）

意味 郵便（ゆうびん）

・筆順どおりに書きなさい。

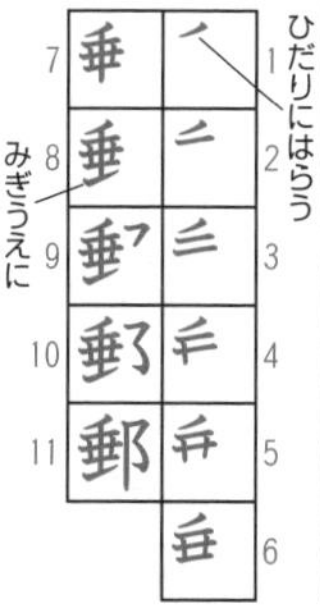

ひだりにはらう
みぎうえに

―線の漢字の読み方を書きなさい。

① 郵便。（　　）
② 郵政民営化。（　　）
③ 小包で郵送する。（　　）

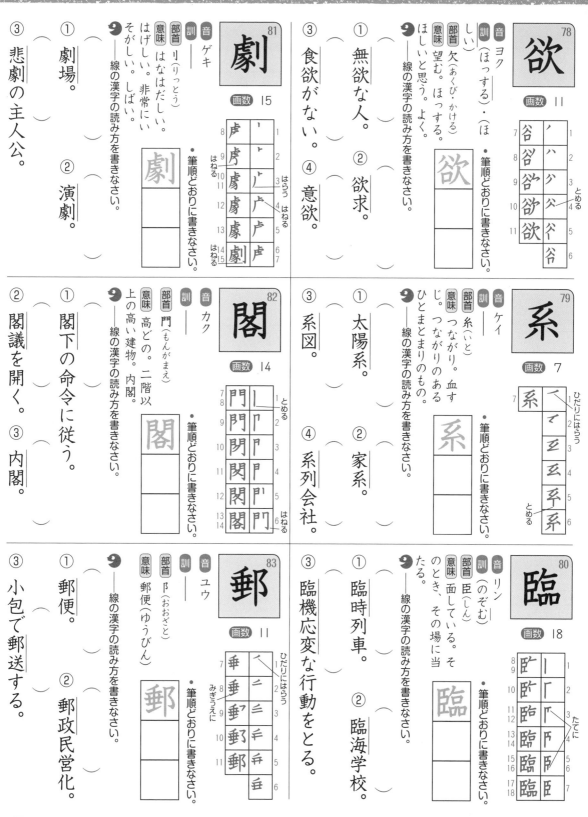

月　日

時間 20分 【はやい15分・おそい25分】

合格 20問

正答 /24問

書いてみよう

78

① □□《むよく》の勝利。

② □□《よっきゅう》が高まる。

③ □□《よくぼう》を満たす。

④ □□《しょくよく》がなくなる。

79

① □□□《たいようけい》の星。

② わが家の□□《けいず》。

③ □□《けいとう》立てて話す。

④ 源氏《げんじ》の□□《ちょっけい》。

80

① □□《りんじ》の列車。

② □□《りんき》応変

③ □□《りんかい》学校。

④ 入学式に□□《りんせき》する。

81

① □□《げきじょう》に行く。

② □□《えんげき》を楽しむ。

③ □□《げきやく》に注意する。

④ □□《きげき》を見る。

82

① 将軍□□《かっか》。

② □□《ないかく》総理大臣。

③ 定例□□《かくぎ》を開く。

④ □□□《てんしゅかく》。

83

① □□□《ゆうびんきょく》。

② □□《ゆうせい》民営化。

③ 小包で□□《ゆうそう》する。

④ □□《ゆうびん》番号。

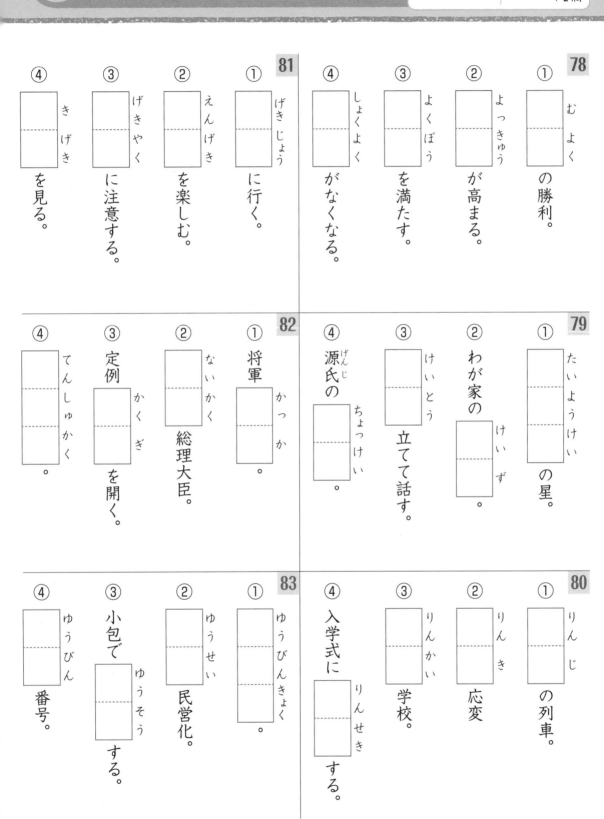

25日　承・舌・退・敵・預

84 承

音　ショウ
訓　（うけたまわる）
部首　手（て）
意味　うける。うけつぐ。うけたまわる。うけ入れる。

画数　8

・筆順どおりに書きなさい。

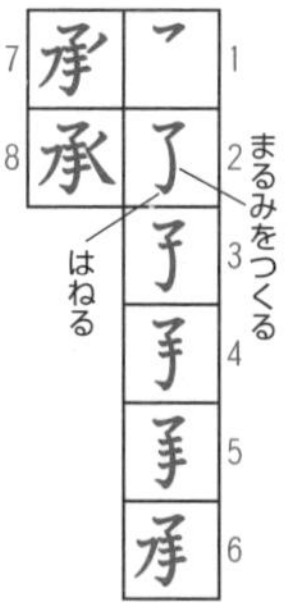

――線の漢字の読み方を書きなさい。

①（　）承知する。　②（　）承認《にん》する。

③（　）承服できない。

85 舌

音　（ゼツ）
訓　した
部首　舌（した）
意味　口の中の味わったり、発音のかげんをする器官。言葉。

画数　6

・筆順どおりに書きなさい。

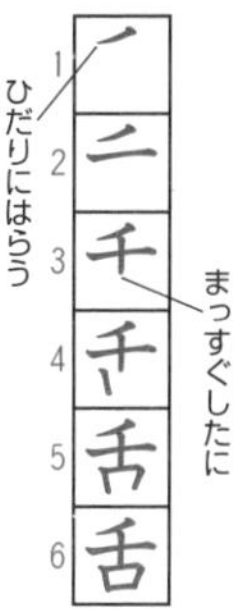

――線の漢字の読み方を書きなさい。

①（　）舌を出す　②（　）舌が回る

③（　）料理に舌つづみを打つ。

86 退

音　タイ
訓　しりぞく・しりぞける
部首　辶（しんにょう・しんにゅう）
意味　後ろにさがる。やめる。おとろえる。

画数　9

・筆順どおりに書きなさい。

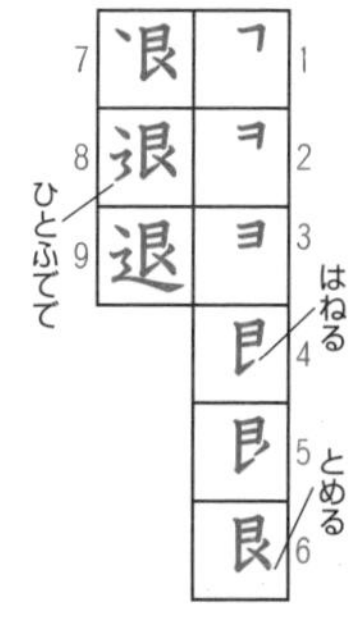

――線の漢字の読み方を書きなさい。

①（　）退院の日。　②（　）後退する。

③（　）職を退く。　④（　）意見を退ける。

87 敵

音　テキ
訓　（かたき）
部首　攵（のぶん・ぼくづくり）
意味　うらみのある相手。競争する相手。つりあう。

画数　15

・筆順どおりに書きなさい。

――線の漢字の読み方を書きなさい。

①（　）敵と味方。　②（　）油断大敵

③（　）かれは強敵だ。

88 預

音　ヨ
訓　あずかる・あずける
部首　頁（おおがい）
意味　あずけること。あらかじめ。

画数　13

・筆順どおりに書きなさい。

――線の漢字の読み方を書きなさい。

①（　）預金。　②（　）本を預かる。

③（　）品物を一時預ける。

知っとく　「敵」の書きまちがえ

「敵」という漢字の「商」の部分を「啇」と書きまちがえないように注意しよう。

「敵」と同じく、音読みが「テキ」である「適」という漢字も、「啇」ではなく「商」と書くことを覚えておこう。

中学校で習う「滴《てき》」や「摘《てき》」も、右側の部分に注意しよう。

書いてみよう

月　日

時間 20分【はやい15分・おそい25分】
合格 16問
正答　/20問

84

① □□《しょうち》する。

② 相手の了《りょう》□《しょう》を得る。

③ □□《しょうふく》できない。

④ 入会を□《しょう》認《にん》する。

85

① □《した》を出す

② □《した》が回る

③ □□《したさき》でごまかす。

④ □《した》足らずの話し方。

86

① 二歩□□《こうたい》する。

② うれしい□□《たいいん》の日。

③ 意見を（　　）《しりぞける》。

④ 職を（　　）《しりぞく》。

87

① □《てき》と味方。

② □□《きょうてき》を負かす。

③ 油断□□《たいてき》

④ □□《むてき》のチーム。

88

① 本を（　　）《あずかる》。

② 銀行に□□《よきん》する。

③ 荷物を（　　）《あずける》。

④ 勝負を（　　）《あずける》。

知っとく 「承」の訓読み

「承」という漢字の音読みは「ショウ」です。訓読みはとても長くて「うけたまわる」ですが、この読みは中学校で習います。

これは、「聞く」「引き受ける」のけんじょう語で、

・ご意見を承る。
・大役を承る。

などと使います。

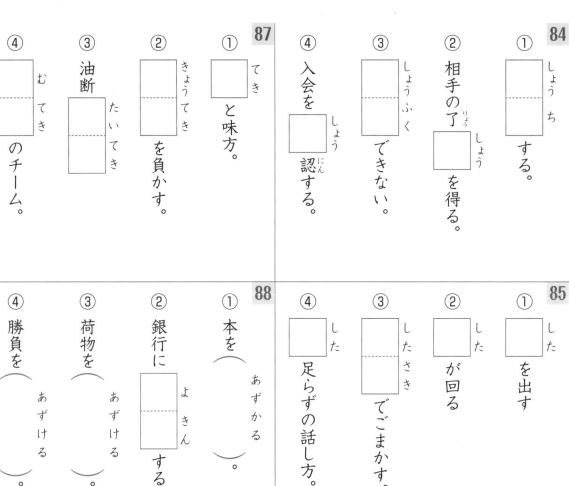

26日 復習テスト(6)

読み

月　日

時間 20分【はやい15分・おそい25分】
合格 80点（一つ4点）
得点　点

1 ――線の漢字の読み方を書きなさい。

① 予算案の閣議決定。
② 郵便局に行く。
③ 解決は難しい。
④ 鉄鋼業。
⑤ 天守閣に登る。
⑥ 難問を解く。
⑦ 郵政の民営化。
⑧ 鋼材をトラックで運ぶ。

2 ――線の漢字の読み方を書きなさい。

① 冷蔵庫を買う。
② 激しい風。
③ あの件は承知しました。
④ 純真な子供たち。
⑤ 友と激論をかわす。
⑥ かれは舌が肥えている。
⑦ 改革を進める。
⑧ 単純な計算。

3 ――線の漢字の読み方を書きなさい。

① 無欲の勝利。
② 銀河系のかなた。
③ 臨機応変に処理する。
④ 進退を決める。
⑤ 食欲がおうせいだ。
⑥ 敵に囲まれる。
⑦ 劇を見て感激する。
⑧ お金を預かる。

復習テスト(6) 書き

月　日

時間 20分 【はやい15分・おそい25分】
合格 80点 （一つ4点）
得点　点

1 次の漢字を書きなさい。

① ［　　］《こうてつ》のような意志。
② 会議が［　　］《なんこう》する。
③ 総理が［　　］《かくぎ》を開く。
④ ［　　］《よきん》をくずす。
⑤ ［　　］《こうざい》を船で運ぶ。
⑥ ［　　］《ゆうびんきょく》。
⑦ （　　）《むずかしい》顔をする。
⑧ 将軍［　　］《かっか》。

2 次の漢字を書きなさい。

① ［　　］《じゅんぱく》の布地。
② ［　　］《かくしん》政党に投票する。
③ 先生の［　　］《ぞうしょ》。
④ ［　　］《よくぼう》が（　　）《はげしい》。
⑤ ［　　］《じゅんしん》な子供たち。
⑥ ［　　］《げきじょう》にふるえる。
⑦ わが家に［　　］《けいず》がある。
⑧ ［　　］《むよく》な人は少ない。

3 次の漢字を書きなさい。

① ［　　］《しょくよく》おうせいだ。
② 後ろに（　　）《しりぞく》。
③ ［　　］《てきぐん》を囲む。
④ ［　　］《げきやく》を取りあつかう。
⑤ ［　　］《しょうち》する。
⑥ ［　　］《りんかい》学校。
⑦ ［　　］《きげき》役者。
⑧ 食料品を［　　］《れいぞう》する。

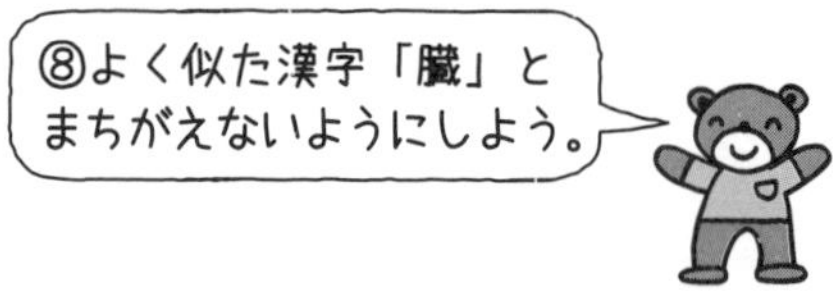

⑧よく似た漢字「臓」とまちがえないようにしよう。

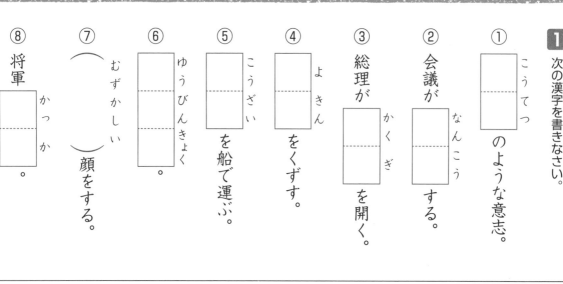

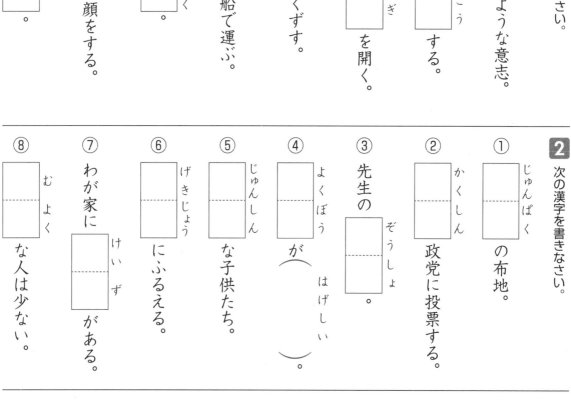

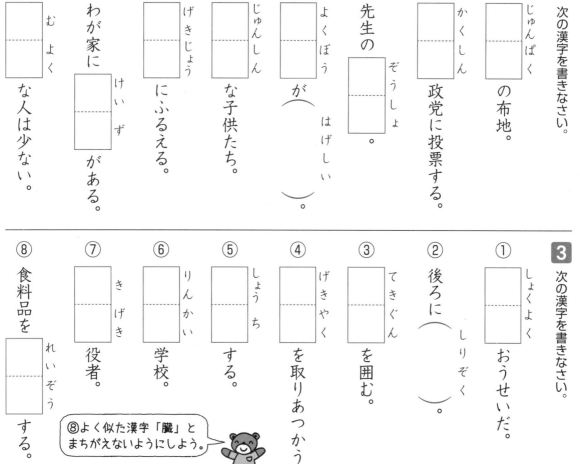

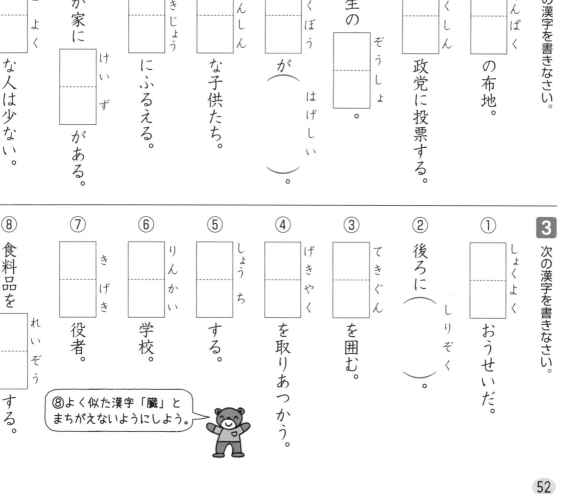

27日　揮・誕・灰・乳・垂

89 揮

画数 12

音 キ
訓 ―
部首 扌（てへん）
意味 ふるうこと。まき散らす。指図する。

・筆順どおりに書きなさい。

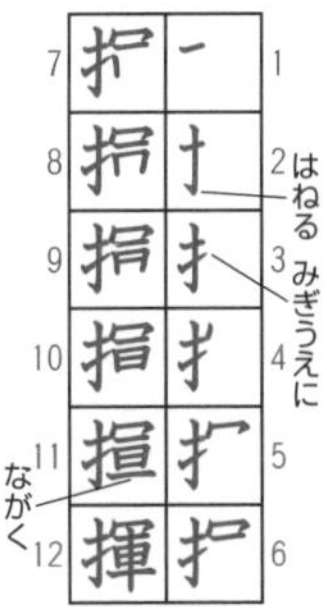
はねる
みぎうえに
ながく

揮

―線の漢字の読み方を書きなさい。

① 指揮。（　　　）
② 揮発油。（　　　）
③ 力を発揮する。（　　　）

90 誕

画数 15

音 タン
訓 ―
部首 言（ごんべん）
意味 生まれる。育つ。いつわる。うそ。

・筆順どおりに書きなさい。

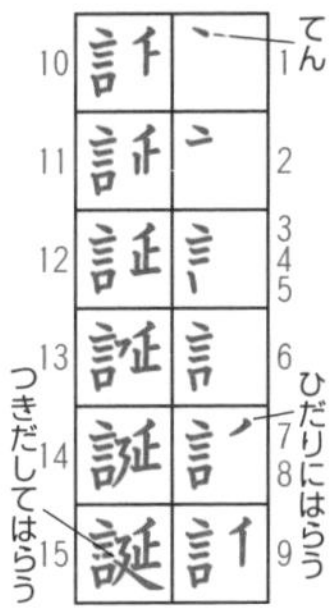
てん
ひだりにはらう
つきだしてはらう

誕

―線の漢字の読み方を書きなさい。

① 誕生日。（　　　）
② 降誕祭。（　　　）
③ 生誕の地。（　　　）

91 灰

画数 6

音 （カイ）
訓 はい
部首 火（ひ）
意味 はい。燃えがら。活気のないもの。

・筆順どおりに書きなさい。

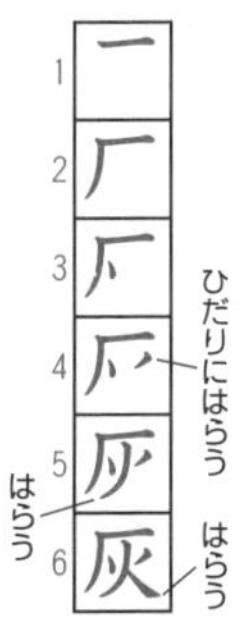
ひだりにはらう
はらう
はらう

灰

―線の漢字の読み方を書きなさい。

① 火山灰。（　　　）
② 灰色。（　　　）
③ 灰が降る。（　　　）
④ 灰皿。（　　　）

92 乳

画数 8

音 ニュウ
訓 ちち・（ち）
部首 乚（おつ）
意味 ちち。ちぶさ。白くにごった液。

・筆順どおりに書きなさい。

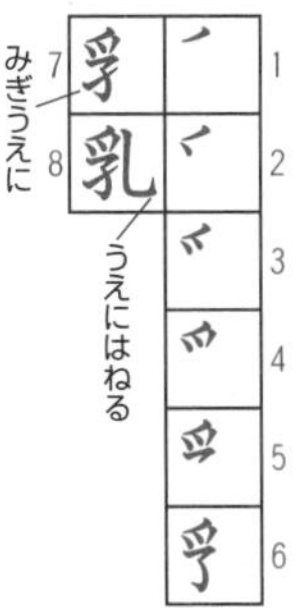
みぎうえに
うえにはねる

乳

―線の漢字の読み方を書きなさい。

① 牛乳。（　　　）
② 牛の乳。（　　　）
③ 牧場で乳牛を飼う。（　　　）

93 垂

画数 8

音 スイ
訓 たれる・たらす
部首 土（つち）
意味 たれ下がる。ぶら下がる。たれる。上から下へ示す。

・筆順どおりに書きなさい。

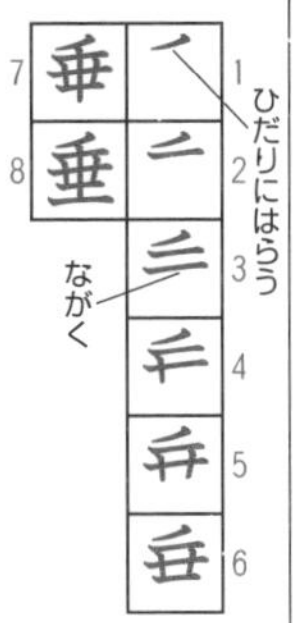
ひだりにはらう
ながく

垂

―線の漢字の読み方を書きなさい。

① 垂直な線。（　　　）
② 垂線。（　　　）
③ 雨垂れの音。（　　　）
④ けん垂。（　　　）

クイズ　漢字パズル

次の□にあてはまる漢字を、後から選んで書こう。

石□《たん》
□《はい》色
□《すい》平
□《すい》直

水　灰　垂　炭

（答えは54ページ）

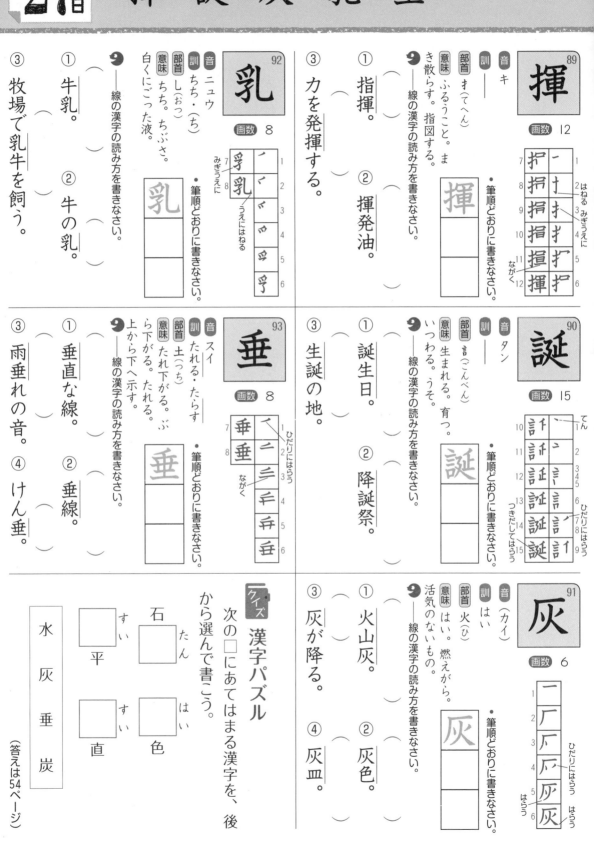

書いてみよう

月　日

時間 20分【はやい15分・おそい25分】　合格 16問　正答 /20問

89

① □□□《しきしゃ》。

② □□□《きはっせい》の液体。

③ 力を□□《はっき》する。

④ 仕事の□□《しき》をとる。

90

① □□□《たんじょうび》。

② □□□《こうたんさい》を行う。

③ □□《せいたん》の地。

④ 水族館が□□《たんじょう》する。

91

① □□《はいいろ》の空。

② □□□《かざんばい》が降る。

③ 火鉢《ひばち》の□《はい》。

④ 燃えて□《はい》になる。

92

① □□《ぎゅうにゅう》を飲む。

② 牛の□《ちち》をしぼる。

③ 牧場で□□《にゅうぎゅう》を飼う。

④ □□□《にゅうせいひん》を食べる。

93

① □□《すいちょく》な線。

② （　　）《あまだれ》の音。

③ 頂点から□□《すいせん》を引く。

④ ひもを（　　）《たらす》。

知っとく 「垂」の筆順と部首

「垂」の筆順は少し複雑ですが、次の早覚えでばっちり覚えられます。

ノり出し落ちて
一直線。
サかさに土に
垂直に。

また、「垂」の部首が「土（つち）」であることも覚えておこう。

〔p.53の答え…炭・灰・水・垂〕

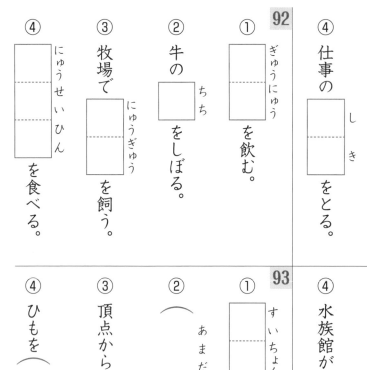

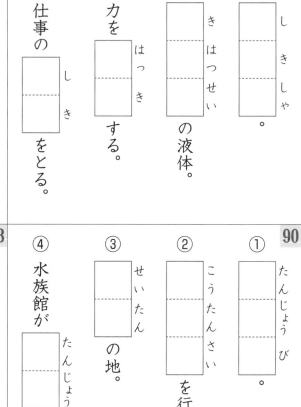

28日　染・否・盟・看・机

94 染

音 （セン）
訓 そめる・そまる・（しみる）・（しみ）
部首 木（き）
意味 そめる。そまる。うつる。

画数 9

・筆順どおりに書きなさい。

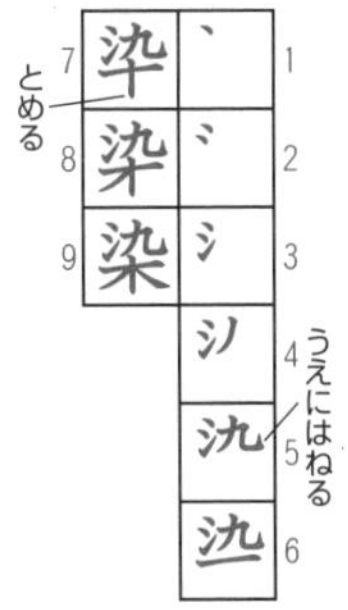

——線の漢字の読み方を書きなさい。

① 真っ赤に染まる。（　　）
② 悪に染まる。（　　）
③ 染め物。（　　）

95 否

音 ヒ
訓 （いな）
部首 口（くち）
意味 不承知。打ち消す。反対する。よくない。

画数 7

・筆順どおりに書きなさい。

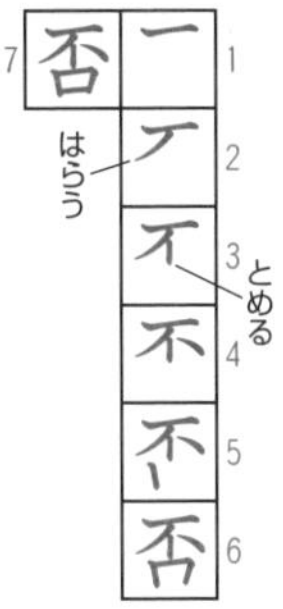

——線の漢字の読み方を書きなさい。

① 否定する。（　　）
② 否決する。（　　）
③ 安否を気づかう。（　　）

96 盟

音 メイ
訓 —
部首 皿（さら）
意味 ちかう。かたい約束をする。

画数 13

・筆順どおりに書きなさい。

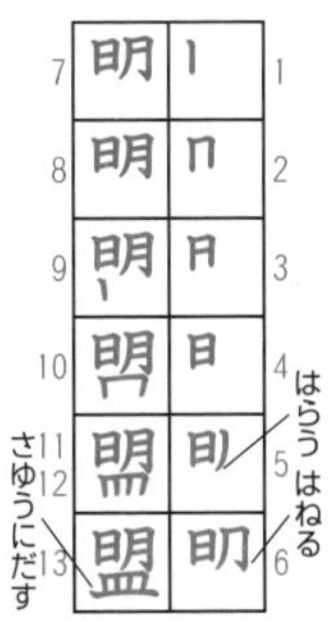

——線の漢字の読み方を書きなさい。

① 国際連盟。（　　）
② 盟友。（　　）
③ 団体に加盟する。（　　）

97 看

音 カン
訓 —
部首 目（め）
意味 見る。よく見る。見守る。

画数 9

・筆順どおりに書きなさい。

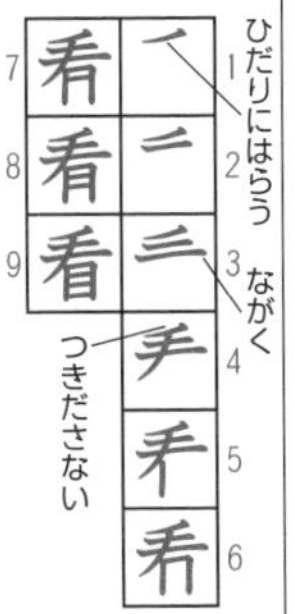

——線の漢字の読み方を書きなさい。

① 看護する。（　　）
② 看板。（　　）
③ 祖父の看病をする。（　　）

98 机

音 （キ）
訓 つくえ
部首 木（きへん）
意味 つくえ。

画数 6

・筆順どおりに書きなさい。

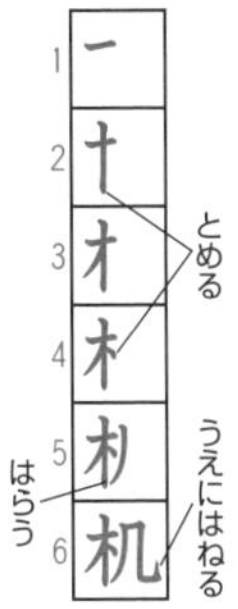

——線の漢字の読み方を書きなさい。

① 机の中を整理する。（　　）
② 机の上。（　　）
③ 学習机。（　　）

クイズ 漢字パズル

次の□にあてはまる漢字を、後から選んで書こう。

□《ひ》認《にん》

□《かん》板

同□《めい》国

非	観	命	看	否	盟

（答えは56ページ）

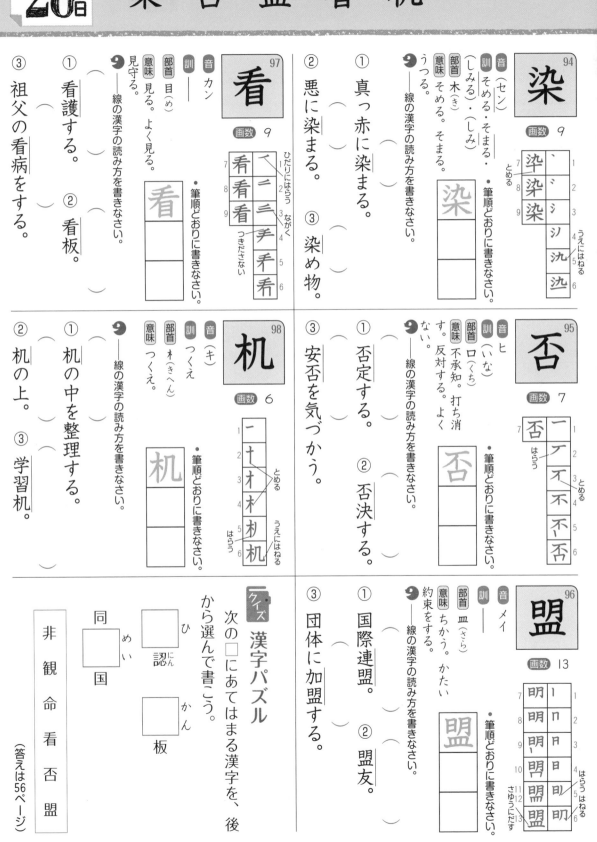

月　日

時間 20分
【はやい15分・おそい25分】

合格 16問

正答 /20問

書いてみよう

94

① 布を（　　）《そめる》。

② 悪に（　　）《そまる》。

③ （　　）《そめもの》のふくろ。

④ 真っ赤に（　　）《そまる》。

95

① □□《さんぴ》両論

② 会議で□□《ひけつ》する。

③ □□《あんぴ》を気づかう。

④ うわさを□□《ひてい》する。

96

① □□《めいやく》を結ぶ。

② 団体に□□《かめい》する。

③ 国際□□《れんめい》。

④ □□□《どうめいこく》になる。

97

① 病人を□□《かんご》する。

② 祖母の□□《かんびょう》をする。

③ 刑務所《けいむしょ》の□□《かんしゅ》。

④ □□《かんばん》を立てる。

98

① □《つくえ》の上。

② □《つくえ》の中を整理する。

③ □《つくえ》を並べる。

④ □□□《がくしゅうづくえ》。

知っとく

何をしてちかい合ったか

「盟」は、「明」が「神明＝神」に、「皿」が「血」に通じ、神の前でたがいにいけにえの血をすすり合ってちかいを立てる意味を持ちます。

そこから「同盟」「盟約」「盟友」など、国家や団体・個人がおたがいに約束をかわすという意味をふくんだ言葉が生まれました。

〔p.55の答え…否・看・盟〕

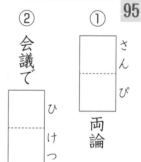

月　日

29日 復習テスト(7) 読み

時間 20分【はやい15分・おそい25分】 合格 80点（一つ4点） 得点　点

1 ――線の漢字の読み方を書きなさい。

① 雨垂れの音。（　）

② 盟約を結ぶ。（　）

③ 看守が見回る。（　）

④ 机の上を整理する。（　）

⑤ 父の安否を気づかう。（　）

⑥ 揮発油。（　）

⑦ 垂直ながけを登る。（　）

⑧ 国連に加盟する。（　）

2 ――線の漢字の読み方を書きなさい。

① 空が赤く染まる。（　）

② 意見を否定する。（　）

③ 底辺に垂線をおろす。（　）

④ 看板を立てる。（　）

⑤ 誕生日を祝う。（　）

⑥ 灰色の空。（　）

⑦ 昨日、合否が決まる。（　）

⑧ 合唱を指揮する。（　）

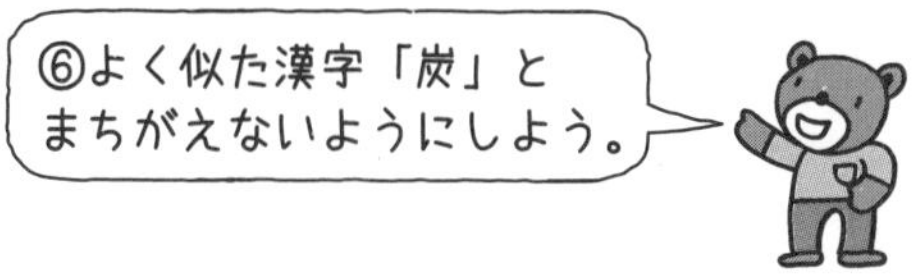
⑥よく似た漢字「炭」と
まちがえないようにしよう。

3 ――線の漢字の読み方を書きなさい。

① 牧場で乳牛を飼う。（　）

② 生誕祭。（　）

③ ふだんの力を発揮する。（　）

④ 同盟を断固拒《きょ》否する。（　）（　）

⑤ 牛乳を飲む。（　）

⑥ 火山灰が降る。（　）

⑦ 牛の乳をしぼる。（　）

⑧ 紅茶にミルクを垂らす。（　）

復習テスト(7) 書き

月　日

時間 20分【はやい15分・おそい25分】

合格 80点（一つ4点）

得点　　点

1 次の漢字を書きなさい。

① □□□《たんじょうび》を祝う。

② □□□《かざんばい》が降る。

③ ミルクを（　　）《たらす》。

④ □□《しき》台に立つ。

⑤ 効力を□□《はっき》する。

⑥ □□《ぎゅうにゅう》を飲む。

⑦ （　　）《そめ》物屋さん。

⑧ □□《せいたん》百年記念。

2 次の漢字を書きなさい。

① □□□□《さんぴりょうろん》

② □□《はいいろ》に（　　）《そまる》。

③ □□《すいちょく》な線を引く。

④ □□《れんめい》を結ぶ。

⑤ ヤギの□《ちち》をしぼる。

⑥ □□□《ひていてき》な意見。

⑦ □□《きはつ》油。

⑧ 弟の□□《かんびょう》をする。

3 次の漢字を書きなさい。

① 友の□□《あんぴ》を気にする。

② 病院の□□□《かんごし》。

③ 提案を□□《ひけつ》する。

④ 山が夕日に（　　）《そまる》。

⑤ 雨のしずくが（　　）《たれる》。

⑥ 国連に□□《かめい》する。

⑦ 映画の□□《かんばん》を見る。

⑧ □《つくえ》に向かう。

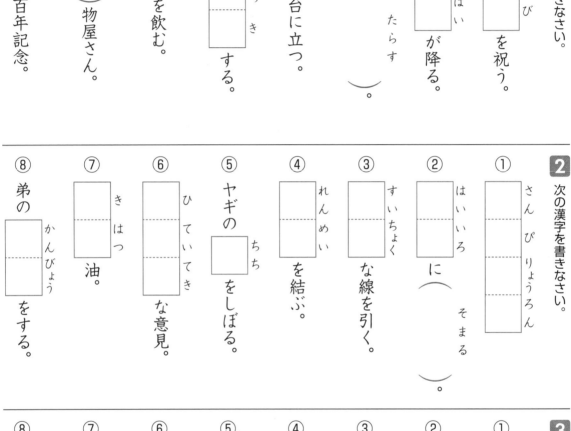

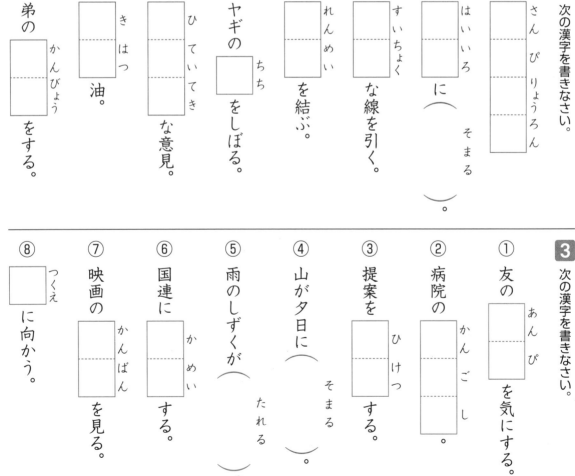

30日

まとめテスト(3) 読み

月　日

時間 20分
【はやい15分・おそい25分】
合格 80点
(一つ4点)
得点　点

1 ——線の漢字の読み方を書きなさい。

① 激しい川の流れ。
② 温泉につかる。
③ 改革を進める内閣。
④ 難事件に出くわす。
⑤ 冷蔵庫を買う。
⑥ 厳しい冬の寒さ。
⑦ 胃腸の薬。
⑧ 鉄鋼業。

2 ——線の漢字の読み方を書きなさい。

① オーケストラの指揮。
② 太陽系。
③ 討論会を開く。
④ 五千分の一の縮尺。
⑤ 鳴門《なると》海峡《かいきょう》の渦《うず》潮。
⑥ 臨時列車に乗る。
⑦ 寸劇を上演する。
⑧ ラジコンカーを操縦する。

3 ——線の漢字の読み方を書きなさい。

① 飲食店の看板。
② 明日までに納品する。
③ 牛乳を飲む。
④ 夕日が空を染める。
⑤ 地層をほりおこす。
⑥ 部員を点呼する。
⑦ 垂直に落ちていく。
⑧ 同盟を結ぶ。

まとめテスト(3) 書き

月	日

時間 20分 【はやい15分・おそい25分】
合格 80点 (一つ4点)
得点　　点

1 次の漢字を書きなさい。

① □□《じゅんぱく》の布地。
② 子供を（　　）《あずける》。
③ （　　）《むずかしい》顔をしている。
④ □□《げんじゅう》に注意する。
⑤ □□《かくしん》政党の支持者。
⑥ 米を□□《ちょぞう》する。
⑦ □□《ちんぎん》をはらう。
⑧ □□《げきどう》する時代。

2 次の漢字を書きなさい。

① □□《よくぼう》を□□《ひてい》する。
② 新しい芸術の□□《ちょうりゅう》。
③ □□□《ゆうびんきょく》。
④ □□《りんじ》休校になる。
⑤ □□□《たんじょうかい》を開く。
⑥ □□《こうはく》の幕。
⑦ 国会と□□《ないかく》。
⑧ 税金を（　　）《おさめる》。

3 次の漢字を書きなさい。

① 髪《かみ》の毛を黒く（　　）《そめる》。
② 妹を□□《かんびょう》する。
③ 飼い犬の名前を（　　）《よぶ》。
④ （　　）《あまだれ》の音。
⑤ □□《どうめい》を結ぶ。
⑥ 牛の□《ちち》をしぼる。
⑦ □□《はいいろ》の空。
⑧ □□□《がくしゅうづくえ》を買う。

進級テスト(1) 読み

月　日

時間 20分 【はやい15分・おそい25分】
合格 80点 (一つ5点)
得点　　点

1 上の漢字と下の漢字を線で結んで、熟語を作りなさい。(完答)

(1)
① 演・　・㋐ 徳
② 仁・　・㋑ 裁
③ 尊・　・㋒ 奏
④ 討・　・㋓ 大
⑤ 洋・　・㋔ 議

(2)
① 骨・　・㋐ 折
② 厳・　・㋑ 便
③ 階・　・㋒ 層
④ 郵・　・㋓ 重
⑤ 尺・　・㋔ 度

2 ——線の漢字の読み方を書きなさい。

① 専門の部署につく。（　　）
② 糖分を減らす。（　　）
③ 穴を拡張する。（　　）（　　）
④ 郷土の歴史。（　　）
⑤ 技術の熟練者。（　　）（　　）
⑥ 胸囲を測る。（　　）
⑦ 自己本位になるな。（　　）
⑧ 立派な恩師を敬愛する。（　　）（　　）
⑨ 先生から本を拝借する。（　　）（　　）

3 ——線の漢字の読み方を書きなさい。(完答)

① 尊い（　　）　尊敬（　　）
② 降りる（　　）　降る（　　）
③ 巻く（　　）　巻末（　　）
④ 欲しい（　　）　欲望（　　）
⑤ 天皇（　　）　皇太子（　　）
⑥ 口紅（　　）　紅葉（　　）
⑦ 並ぶ（　　）　並木道（　　）
⑧ 納める（　　）　納税（　　）

進級テスト(1) 書き

月　日

時間 20分 【はやい15分・おそい25分】
合格 80点 （一つ4点）
得点　　点

1 上の読みを漢字で書きましたが、まちがいがあります。まちがっている漢字だけ、正しく書き直しなさい。

① ちょめい　署名（　　）
② こんなん　因難（　　）
③ ふくつう　復痛（　　）
④ じゅうだん　従断（　　）
⑤ れいぞう　冷臓（　　）
⑥ けいず　糸図（　　）
⑦ はいいろ　炭色（　　）
⑧ たんじょう　延生（　　）

2 文の意味に合う漢字を書きなさい。

①
㋐ カメラに□《おさ》める。
㋑ 税金を□《おさ》める。
㋒ 国を□《おさ》める。
㋓ 医学を□《おさ》める。

②
㋐ 商品が□《う》れる。
㋑ 果物が□《う》れる。
㋒ なえを□《う》える。

③
㋐ 本を□《よ》む。
㋑ 名前を□《よ》ぶ。

3 次の漢字を書きなさい。

① □□《べにいろ》のスカート。
② 天皇□□《へいか》。
③ 年末に□□《ききょう》する。
④ 仏像を（　　）《おがむ》。
⑤ □□《めいろう》な性格。
⑥ 機械を□□《そうち》する。
⑦ □□《きりつ》を守る。
⑧ □□《とうしゅ》に選出される。

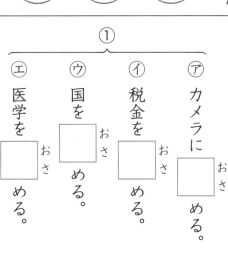

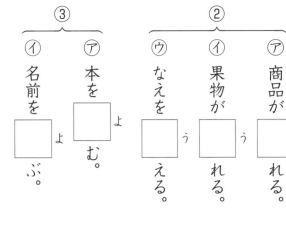

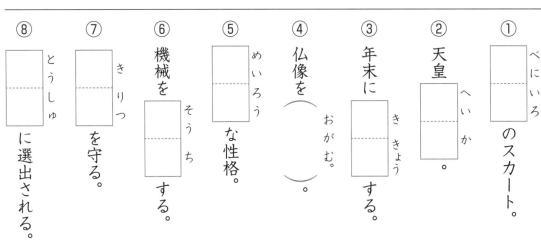

月　日

進級テスト(2)　読み

時間 20分 【はやい15分・おそい25分】
合格 80点 (一つ4点)
得点　　点

1 ——線の漢字の読み方を書きなさい。

① (ア) 豆乳を飲む。（　） (イ) お乳を飲む。（　）

② (ア) 興奮が冷めない。（　） (イ) うでを奮う。（　）

③ (ア) 深刻なやみ。（　） (イ) 時を刻む。（　）

④ (ア) 温泉につかる。（　） (イ) 泉のほとり。（　）

2 同じ部首の漢字を組み合わせると、熟語が五つできます。読み方を書きなさい。

激	鉄	域	吸	指
呼	流	鋼	揮	地

（　）（　）（　）（　）（　）

3 次の四字熟語の読み方を書きなさい。

① 一刻千金（　）

② 一望千里（　）

③ 一日千秋（　）

④ 一字千金（　）

4 ——線の漢字の読み方を書きなさい。

① 光栄の至り。（　）

② 頭が混乱する。（　）（　）

③ 立派な家を建てる。（　）（　）

④ 道路が寸断される。（　）（　）

⑤ 試合に臨む。（　）

⑥ 看護師の資格を取る。（　）（　）

⑦ 時間を短縮する。（　）（　）

⑧ 難題を解決する。（　）（　）

進級テスト(2) 書き

時間 20分【はやい15分・おそい25分】
合格 80点（一つ4点）
得点　点

1 おたがいが反対の意味の熟語になるように、漢字を書きなさい。

① 親近 ↕ □遠
② □年 ↕ 早年
③ □潮 ↕ 満潮
④ 肯定《こうてい》 ↕ □定
⑤ 拡大 ↕ □小
⑥ 保守 ↕ □新
⑦ 平行 ↕ □直
⑧ 表門 ↕ □門
⑨ □生 ↕ 死亡

2 上の□の中に、下から選んで組み合わせて熟語になるような漢字を書きなさい。

① □（病・板）
② □（用・門）
③ □（団・薬）
④ □（界・力）
⑤ □（実・告）
⑥ □（来・軍）
⑦ □（内・舎）
⑧ □（知・練）

視　看　熟　将　劇　腹　忠　専　尊　庁

3 次の漢字を書きなさい。

① 自分に（きびしい）。
② □《われ》関せずの態度。
③ 外出を（みとめる）。
④ （わかい）仲間。
⑤ コーヒーに□□《さとう》を入れる。
⑥ □□□《にゅうはくしょく》の雲。
⑦ □《あな》を空ける。
⑧ □□《じゅんしん》な気持ち。

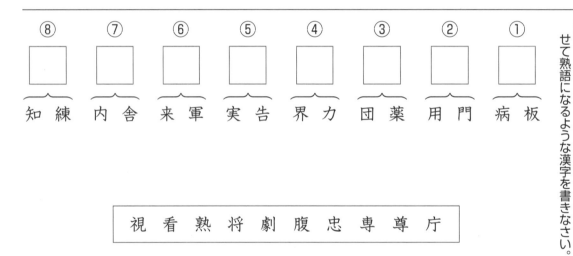

月　日

進級テスト(3)　読み

時間 20分【はやい15分・おそい25分】
合格 80点（一つ4点）
得点　点

1 ――線の漢字の読み方を書きなさい。

① ㋐ 胸を張る。（　）
　 ㋑ 脳の働き。（　）

② ㋐ 翌日の朝。（　）
　 ㋑ 習慣になる。（　）

③ ㋐ とほうに暮れる。（　）
　 ㋑ 幕を上げる。（　）

④ ㋐ 単純な考え。（　）
　 ㋑ 形式を統一する。（　）

2 上の打ち消しの漢字と下の漢字を――線で結んで、熟語を作りなさい。

① 不・　・㋐ 決
② 無・　・㋑ 心
③ 否・　・㋒ 番
④ 非・　・㋓ 利

3 ――線の漢字の読み方を書きなさい。

① 身の縮む思い（　）
② 若気の至り（　）（　）
③ 骨肉の争い（　）
④ 枚挙にいとまがない（　）

4 ――線の漢字の読み方を書きなさい。

① しずくが垂れる。（　）
② 連盟に加入する。（　）
③ バスの運賃をはらう。（　）
④ 利己的な人間。（　）
⑤ 紙片に文字を書く。（　）
⑥ 創立百周年の盛大な式典。（　）
⑦ 染色の教室。（　）
⑧ 冊子を発行する。（　）

進級テスト(3) 書き

月　日

時間 20分【はやい15分・おそい25分】
合格 80点（一つ5点）
得点　点

1 □にあてはまる漢字を書きなさい。

① ㋐ □《ととの》う　㋑ □《みだ》れる

② ㋐ □《むずか》しい　㋑ □《やさ》しい

③ ㋐ □《よ》ぶ　㋑ □《こた》える

④ ㋐ □《わか》い　㋑ □《お》いる

2 次の意味の熟語になるように、□に漢字を書きなさい。（完答）

① けっさい
㋐ 代金を支払う……決□
㋑ 案の採否を決める…決□

② しじょう
㋐ この上もない……□上
㋑ 記録にある範囲《はんい》…□上

③ とうちょう
㋐ 役所へ出勤する…登□
㋑ 山のてっぺんに登る…登□

3 次の漢字を書きなさい。

① 鳥が□□□《きゅうこうか》する。

② □《いずみ》がわく場所がある。

③ お手紙を□□《はいけん》する。

④ □□《くいき》を□□《かくだい》する。

⑤ （　）《はげしい》気性の人。

⑥ 新しい□□《ないかく》が発足した。

⑦ □□《あいぼう》と仕事をする。

⑧ □□《ぜんしょ》してください。

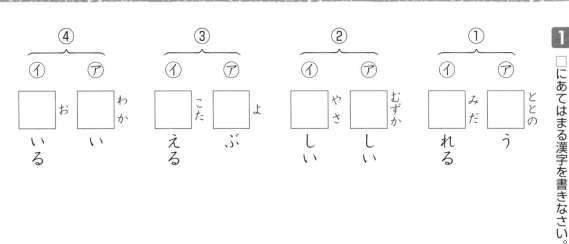

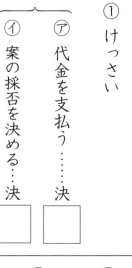

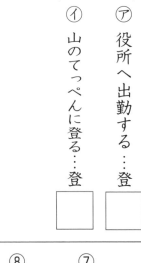

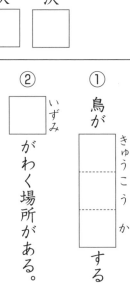

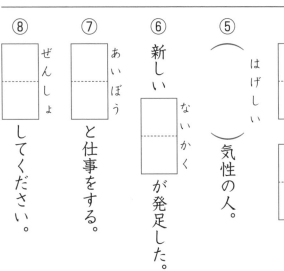

進級テスト(4)　読み

月　　日

時間 20分【はやい15分・おそい25分】
合格 80点（一つ4点）
得点　　点

1 次の言葉の読み方を書きなさい。

① 圧巻（　　）
② 興奮（　　）
③ 漁夫の利（　　）
④ 鋼鉄（　　）
⑤ 他山の石（　　）
⑥ 断腸の思い（　　）
⑦ 五十歩百歩（　　）
⑧ 紅一点（　　）

2 次の漢字の二通りの訓読みを書きなさい。

① 尊い（　　い）（　　い）
② 尊ぶ（　　ぶ）（　　ぶ）

3 ――線の漢字の読み方を書きなさい。

① 呼ぶ（　　）
② 染める（　　）
③ 討つ（　　）
④ 預ける（　　）
⑤ 退ける（　　）

4 ――線の漢字の読み方を書きなさい。

① 衣を干す。（　　）
② 処分に困る。（　　）
③ 聖人といわれる人物。（　　）
④ 大きな劇場を建てる。（　　）（　　）
⑤ 衣装を着ける。（　　）
⑥ 苦難を乗りこえる。（　　）
⑦ 降水量を点検する。（　　）
⑧ 蔵から宝物を出す。（　　）

進級テスト(4) 書き

月　日

時間 20分 【はやい15分・おそい25分】
合格 80点 (一つ4点)
得点　　点

1 次の漢字を書きなさい。

① ㋐ 箱を紙で□□《ほうそう》する。
　 ㋑ 番組を□□《ほうそう》する。

② ㋐ □□《きりつ》に従う。
　 ㋑ □□《きりつ》の号令。

③ ㋐ □□《せいとう》に所属する議員。
　 ㋑ □□《せいとう》な理由がある。

④ ㋐ □□《とうぶん》の多い果物。
　 ㋑ □□《とうぶん》の間。

2 次の□にあてはまる漢字を書きなさい。

① 一□の虫にも五分のたましい
② 背に□はかえられぬ
③ 犬も歩けば□に当たる
④ □折り損のくたびれもうけ
⑤ □のものを横にもしない
⑥ □があったら入りたい
⑦ 雨□れ石をうがつ
⑧ 口□を合わせる

3 次の漢字を書きなさい。

① 変化が（　　）《はげしい》。
② □《つくえ》の上を□《かた》付ける。
③ 名曲を□□《えんそう》する。
④ ねじを（　　）《まく》。
⑤ 友達が（　　）《ほしい》。
⑥ すっかり（　　）《こまり》果てる。
⑦ 能力を□□《はっき》する。
⑧ 洗たく物を（　　）《ほす》。

進級テスト(5) 読み

月　日

時間 20分【はやい15分・おそい25分】
合格 80点（一つ4点）
得点　点

1 次の漢字とそれぞれの部首を組み合わせてできる漢字の音読みを、ひらがなで書きなさい。（完答）

① 各　ア 門（　）　イ 田（　）
② 谷　ア 欠（　）　イ 宀（　）
③ 成　ア 皿（　）　イ 土（　）
④ 者　ア 艹（　）　イ 阝（　）
⑤ 寸　ア 言（　）　イ 亻（　）
⑥ 広　ア 扌（　）　イ 金（　）

2 同じ音読みの漢字を、――線で結びなさい。

① 泉・　・ア 潮
② 朝・　・イ 否
③ 比・　・ウ 裁
④ 再・　・エ 源
⑤ 厳・　・オ 線

3 ――線の漢字の読み方を書きなさい。

① 拝む（　）
② 刻む（　）
③ 臨む（　）
④ 縮む（　）

4 ――線の漢字の読み方を書きなさい。

① 敬う気持ちを表す。（　）
② 厳しい裁きが下る。（　）（　）
③ 商品を納入する。（　）
④ 代表から退く。（　）
⑤ 法律を公布する。（　）
⑥ 雨天順延となる。（　）
⑦ 我が身を美しく装う。（　）（　）
⑧ 胸をふくらませる。（　）

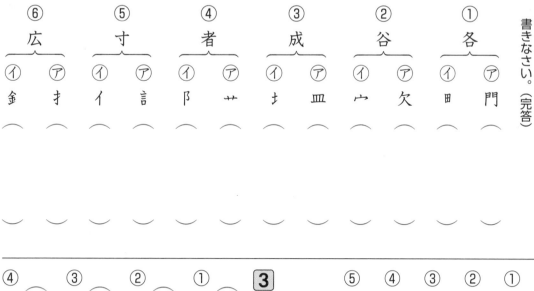

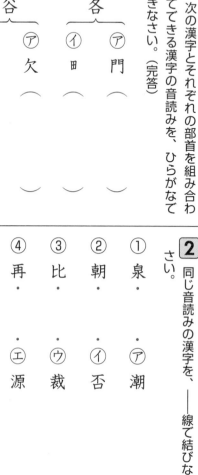

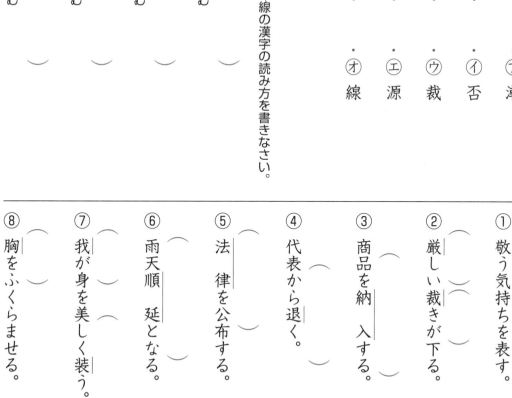

進級テスト(5) 書き

月　日

時間 20分【はやい15分・おそい25分】

合格 80点（一つ5点）

得点　点

1 次の同じ読みをする漢字を書きなさい。

① しお　㋐ □加減　㋑ □時

② かた　㋐ □道　㋑ □見

③ ち　㋐ □飲み子　㋑ □筋

④ ひ　㋐ □上がる　㋑ □帰り

⑤ ばん　㋐ □地　㋑ □秋

2 次の□にあてはまる漢字を書きなさい。

① 大器□成

② □機応変

③ 明□快活

④ 大同小□

⑤ 温□知新

⑥ 明□止水

⑦ 独断□行

3 次の漢字を書きなさい。

① □□《べっさつ》の付録がつく。

② □□《しょり》能力が高い。

③ 果物を皿に（　　）《もる》。

④ 人権を□□《そんちょう》する。

⑤ □□□《たんじょうび》のお祝い。

⑥ □□《ちんぎん》を受け取る。

⑦ 席を（　　）《ならべる》。

⑧ 現代社会の□□《しゅくず》だ。

解答

漢字2級

1ページ

1 ①そ ②わけ ③たからさが ④かいだん ⑤じゅうらい ⑥す ⑦きんむ・とど ⑧せいざ

2 ①つく ②きたく ③しゅうきょう ④てっきん ⑤と ⑥たんけん ⑦だいきぼ ⑧しゅうぎょう

3 ①ごじ ②きゅうしゅう ③はんべつ ④けいび ⑤おさな ⑥の ⑦すいてい ⑧けんりょく

2ページ

1 ①衆知 ②救済 ③担当 ④方針 ⑤痛い ⑥臓器移植 ⑦秘境 ⑧推移

2 ①閉まる ②幕切れ ③閉店 ④背 ⑤除雪 ⑥宙返り ⑦回収 ⑧砂場

3 ①危ない ②遺伝 ③公私 ④観覧車 ⑤容姿 ⑥補う ⑦閉会・宣言 ⑧展望台

3ページ

1 ①いさん ②かいじょ ③はんしゃ ④たいそう ⑤いじょう ⑥じょうはつ ⑦ぜんあく ⑧やく

2 ①しょめい ②たいさく ③ようさん ④す ⑤きず ⑥おさ ⑦すいせん ⑧せいたか

3 ①しょせつ ②せいい ③かし・わす ④きぬ ⑤みなもと ⑥しご ⑦こくるい ⑧のぞ

4ページ

1 ①肺活量 ②従う ③故障 ④存在 ⑤卵 ⑥俳優 ⑦簡素 ⑧切り株

2 ①絹 ②延期 ③消防署 ④補習 ⑤頂上 ⑥親不孝 ⑦幼児 ⑧内密

3 ①探す ②射る ③重宝 ④映画・批評 ⑤勤める ⑥議論 ⑦針金 ⑧磁気

5ページ

1 ①ゆうしょう ②いただき ③じゅうしょう ④きがい ⑤ごほう ⑥わ ⑦てあら・す ⑧そな

2 ①きちょう ②いたで ③ししゃごにゅう ④ごけん ⑤よ ⑥ぶんたん ⑦あやま ⑧しせい

3 ①すなどけい ②しゃそう ③ばくふ ④はんちょう ⑤すうち ⑥ごさ ⑦きき ⑧わす

6ページ

1 ①警報 ②異 ③針葉樹林 ④背泳 ⑤従える ⑥国宝・展覧会 ⑦頭痛 ⑧宇宙

2 ①部署 ②価値 ③対策 ④反映 ⑤疑念 ⑥首脳 ⑦通訳 ⑧訪問

3 ①創立 ②米俵 ③供給 ④値札 ⑤閉館 ⑥誠実 ⑦群衆 ⑧宗教

7ページ

1 ①こんらん ②みだ ③みだ

2 ①せんよう ②せんねん ③せんもんか

3 ①そう ②えんそう ③どくそう

4 ①ふちょう ②けんちょう ③ちょうしゃ

5 ①ほうりつ ②きりつ ③いちりつ

6 ①こっせつ ②こっかく ③ほね ④きこつ

8ページ

1 ①混乱 ②乱れる ③乱す ④乱暴

2 ①専用 ②専念 ③専門家 ④専属

3 ①奏 ②独奏 ③奏 ④演奏

4 ①府庁 ②県庁 ③庁 ④庁舎

5 ①規律 ②一律 ③法律 ④音律

6 ①骨折 ②骨組み ③骨 ④気骨

チェックポイント 「専」は右上に点を打たないようにします。「奏」はの七画目は六画目より長く書きます。

9ページ

7 ①なら ②なら ③なら

8 ①こんく ②こん ③こま

9 ①わか ②わかば ③わかもの

10 ①じんじゅつ ②じんぎ ③じんとく

11 ①さとう ②せいとう ③とうぶん

12 ①うら ②うらみち ③うらがえ

10ページ

7 ①並ぶ ②並びに ③並べる ④並木道

8 ①困っ ②困 ③困苦 ④困

9 ①若手 ②若葉 ③若者 ④若い

10 ①仁術 ②仁徳 ③仁義 ④仁愛

11 ①砂糖 ②糖分 ③糖 ④糖度

12 ①裏 ②裏 ③裏返す ④裏道

チェックポイント 「困」はよく似た漢字「因」と書きまちがえないようにします。「糖」は十三画目は上につき出します。「裏」は七画目は上につき出しません。

11ページ

1 ①みだ・こま ②なら ③こっせつ ④なら ⑤きりつ ⑥こっかく ⑦ほうりつ ⑧こん

2 ①じんじゅつ ②うら ③わかば ④とうぶん ⑤じんぎ ⑥わか ⑦せいとう ⑧うらがえ

3 ①ほね ②ふちょう ③せんぞく ④えんそうかい ⑤さとう ⑥せんもんか ⑦こんらん ⑧けんちょう

12ページ

1 ①反骨 ②困る ③並木道 ④一律 ⑤並ん ⑥骨 ⑦法律 ⑧困

2 ①仁徳 ②裏 ③若い ④砂糖 ⑤仁術 ⑥裏表 ⑦糖分 ⑧若者

3 ①乱れる ②専門家 ③奏楽・演奏 ④県庁 ⑤専用 ⑥警察庁 ⑦専念 ⑧混乱

13ページ

13 ①こうしゃぐち ②お ③ふ

14 ①たいきばんせい ②さくばん ③こんばん ④あさばん

15 ①いちまい ②まいすう ③まいきょ

16 ①く ②ひぐ ③く

17 ①ろうどく ②めいろう ③ろうほう ④ろうしょう

18 ①はら ②ふくつう ③ふくしん

14ページ

13 ①降る ②降りる ③降車口 ④降水量

14 ①昨晩 ②今晩 ③朝晩 ④晩年

15 ①一枚 ②枚挙 ③大枚 ④枚数

16 ①暮れる ②暮らし ③暮れる ④暮らす

17 ①朗読 ②朗報 ③明朗 ④晴朗

18 ①腹 ②腹痛 ③腹心 ④中腹

チェックポイント 「降」は筆順に注意し、十画目はつき出します。「暮」はよく似た漢字「幕」「墓」とまちがえないようにします。「腹」はよく似た漢字「胸」や同じ音読みの「複」「復」ともまちがえないように注意します。

15ページ

19 ①しゅくず ②しゅくしょう ③ちぢ

20 ①ぼう ②てつぼう ③ぼうよ

21 ①じゅく ②じゅくどく ③じゅくれん ④みじゅく

22 ①あな ②すあな ③あな

23 ①じこ ②りこ ③じこ

24 ①しせん ②しゃ ③しかい

16ページ

19 ①縮む ②縮小 ③縮図 ④縮める
20 ①棒 ②棒読み ③鉄棒 ④棒
21 ①熟 ②熟練 ③熟読 ④半熟
22 ①穴 ②巣穴 ③穴 ④穴
23 ①自己 ②自己流 ③利己 ④利己的
24 ①視線 ②視野 ③視界 ④視察

チェックポイント 「棒」は九画目の書き始めの位置に注意します。「熟」は十一画目の点を忘れないように書きます。

17ページ

1 ①しゅくしょう ②めいろう ③ぼうよ ④はら ⑤ぼう ⑥ちぢ ⑦ふくしん ⑧ろうどく
2 ①じこ ②かざあな ③しりょく ④じゅくれんしゃ ⑤あな ⑥しかい ⑦りこ ⑧じゅくどく
3 ①たいきばんせい ②こうせつ ③まいきょ ④く ⑤ゆうぐ・ふ ⑥く ⑦まいすう ⑧ばんねん

18ページ

1 ①腹 ②縮む ③朗読 ④鉄棒 ⑤腹痛 ⑥棒 ⑦明朗 ⑧縮図
2 ①自己 ②熟 ③視線 ④穴 ⑤熟読 ⑥視力 ⑦利己的 ⑧風穴
3 ①枚数 ②今晩・降る ③暮らし ④暮れ ⑤一枚 ⑥降雪量 ⑦朝晩 ⑧枚挙

19ページ

1 ①えんそうかい ②せんよう ③いちりつ ④まいすう ⑤ふくつう ⑥ぼう ⑦じこ ⑧こんらん
2 ①うらにわ ②じんじゅつ ③わかもの ④ばんねん ⑤けんちょう・さくらなみき ⑥こうせつ ⑦せぼね ⑧さとう
3 ①ろうどく ②あな ③く ④しゃ ⑤みだ ⑥こま ⑦ちぢ ⑧しゅくず

20ページ

1 ①乱れる ②骨折 ③並ぶ ④若者 ⑤警視庁 ⑥混乱 ⑦演奏 ⑧専用
2 ①困苦 ②腹 ③一枚 ④仁義 ⑤降参 ⑥裏 ⑦糖 ⑧暮れる
3 ①熟読 ②穴 ③今晩・降る ④規律 ⑤鉄棒 ⑥自己 ⑦縮む ⑧朗報

21ページ

25 ①きょうい ②むね ③きょうちゅう
26 ①けいご ②うやま ③けいあい
27 ①そんけい ②じそんしん ③そんちょう ④とうと
28 ①はいけん ②おが ③はい ④はいしゃく
29 ①てんのう ②ほうおう ③こうたいし
30 ①こうごう ②こうたいごう ③こうごう

22ページ

25 ①胸囲 ②胸 ③胸中 ④度胸
26 ①敬老 ②敬う ③敬愛 ④敬語
27 ①尊敬 ②尊ぶ ③尊重 ④尊い
28 ①拝む ②拝見 ③拝 ④参拝
29 ①天皇 ②皇太子 ③法皇 ④皇居
30 ①皇后 ②皇太后 ③皇后 ④皇太后

チェックポイント 「尊」は八画目の横棒を忘れないように書きます。「拝」は四～七画目の四本の横棒をきちんと書きます。

23ページ

31 ①へいか ②へいか ③へいか
32 ①かんまん ②ほ ③かんてん
33 ①も ②も ③も
34 ①そうち ②そうび ③ふくそう ④かそう
35 ①りゅういき ②りょういき ③いき

36 ①きょうど ②こきょう ③どうきょう

24ページ

31 ①陛下 ②天皇陛下 ③皇后陛下
④陛下

32 ①干 ②干す ③干天 ④干満

33 ①盛る ②盛り花 ③盛り上がる
④盛る

34 ①装置 ②装備 ③包装紙 ④服装

35 ①流域 ②域 ③区域 ④領域

36 ①郷土 ②故郷 ③同郷 ④望郷

チェックポイント 「装」は一〜三画目の書き順に注意します。「域」は十一画目の点を忘れないように書きます。「郷」は一〜三画目を「いとへん」とまちがえないように注意します。

25ページ

1 ①きょうこう ②こうごうへいか ③ほ
④ほうおう ⑤こうしつ
⑥てんのうへいか ⑦こうぞく
⑧かんまん

2 ①むね ②こきょう ③そう
④りゅういき ⑤も ⑥そうち
⑦くいき ⑧きょうり

3 ①ちいき・も ②うやま ③おが
④とうと(たっと) ⑤どきょう
⑥はいけん ⑦そんけい ⑧かん

26ページ

1 ①法皇 ②干し ③皇太子 ④皇太后
⑤陛下 ⑥皇后 ⑦皇居 ⑧干

2 ①郷里 ②地域・盛り ③尊ぶ ④服装
⑤故郷 ⑥装置 ⑦流域 ⑧盛り

3 ①胸 ②敬う ③拝む ④尊重 ⑤敬語
⑥胸囲 ⑦干 ⑧拝見

27ページ

37 ①ちゅうこく ②ちゅうぎ
③ちゅうじつ

38 ①よくじつ ②よくねん(よくとし)
③よくしゅん

39 ①みと ②みと ③みと

40 ①しょち ②しょり ③しょぶん

41 ①かくだい ②かくさん ③かくちょう

42 ①やとう ②せいとう ③とういん

28ページ

37 ①忠告 ②忠誠 ③忠実 ④忠義

38 ①翌日 ②翌年 ③翌週 ④翌朝

39 ①認める ②認め印 ③認める
④認められる

40 ①処置 ②処理 ③処分 ④対処

41 ①拡張 ②拡散 ③拡大 ④拡声器

42 ①政党 ②党 ③党員 ④野党

チェックポイント 「処」は画数が少ない漢字ですが、筆順に注意します。「党」は一画目はまん中、二画目が左、三画目が右の順に書きます。

29ページ

43 ①とくはいん ②はて ③はせい
④りゅうは

44 ①きざ ②しんこく ③じこくひょう

45 ①かたて ②かたがわ ③かたほう

46 ①さいばんしょ ②さば ③さいてい

47 ①ちょしゃ ②ちょしょ ③ちょめい
④ちょさく

48 ①せいしょ ②せいち ③せいじん

30ページ

43 ①派出所 ②派手 ③派 ④流派

44 ①刻む ②深刻 ③時刻表 ④刻限

45 ①片手 ②片方 ③片時 ④片側

46 ①裁判所 ②裁定 ③裁決 ④裁く

47 ①著者 ②著作権 ③著書 ④著名

48 ①聖書 ②聖地 ③聖人 ④神聖

「派」は五画目は左にはらい、七画目は下に下ろして止め、九画目は右にはらいます。「片」は四画目を折ってそのまま下へおろします。「著」はよく似た漢字「署」とまちがえないように注意します。

31ページ

49 ①いっさつ ②さっし ③ぶんさつ
50 ①しきゅう ②いた ③し ④しじょう
51 ①こうふん ②ふる ③ふんき
52 ①しょうぐん ②しょうらい ③しゅしょう
53 ①われ ②われ ③われさき
54 ①じょうかん ②えまきもの ③ま

32ページ

49 ①一冊 ②小冊子 ③分冊 ④別冊
50 ①至急 ②至る ③至 ④至上
51 ①興奮 ②奮う ③奮起 ④発奮
52 ①将軍 ②将来 ③将 ④主将
53 ①我 ②我 ③我先 ④我
54 ①上巻 ②巻く ③絵巻物 ④巻末

チェックポイント 「冊」は五画目を左右につき出します。「将」は一～三画目の筆順に注意します。「我」は七画目の点を忘れないように書きます。

33ページ

1 ①きざ ②よくじつ ③とうない ④えまきもの ⑤こくげん ⑥ちゅうこく ⑦かくだい ⑧はで
2 ①かたみち ②さいばんしょ・さば ③ちょしゃ ④せいち ⑤ふる ⑥われ ⑦しょぶん ⑧みと
3 ①べっさつ ②こうふん ③いた ④しょうらい ⑤かんすう ⑥ぶしょう ⑦ふんぱつ ⑧しじょう

34ページ

1 ①流派 ②巻き ③刻む ④忠告 ⑤翌日 ⑥野党 ⑦拡散 ⑧時刻表
2 ①認め ②処置 ③忠実 ④制裁 ⑤片手 ⑥我 ⑦著名 ⑧裁判所
3 ①第一巻 ②至る ③興奮 ④将来 ⑤一冊・聖書 ⑥奮い ⑦巻物 ⑧至急

35ページ

1 ①よくじつ ②せいいき ③てんのうへいか ④かんまん ⑤こうごう ⑥おおも ⑦みと ⑧しょり
2 ①とういん ②さば ③ちょしゃ ④むね ⑤かくちょう ⑥じこく ⑦しきゅう ⑧こうふん
3 ①そうち ②さんぱい ③われ・しょうらい ④とくはいん ⑤うやま ⑥とうと(たっと) ⑦かんすう ⑧くいき

36ページ

1 ①皇后陛下 ②盛り ③服装 ④故郷 ⑤忠告 ⑥一冊・著書 ⑦領域 ⑧干す
2 ①拡大 ②至急 ③流派 ④時刻表 ⑤裁判 ⑥聖人 ⑦将来 ⑧片手
3 ①胸 ②尊敬 ③拝む ④認める ⑤我先 ⑥野党 ⑦翌週 ⑧法皇

37ページ

55 ①すんぽう ②すんぜん ③すんし
56 ①けんとう ②とうぎ ③とうろんかい
57 ①てんこ ②しんこきゅう ③よ ④こおう
58 ①ちんぎん ②うんちん ③やちん ④ちんあ
59 ①たて ②そうじゅう ③じゅうおう
60 ①こうはく ②くちべに ③こうちゃ ④こうよう(もみじ)

38ページ

55 ①一寸 ②寸法 ③寸前 ④寸志
56 ①討論会 ②追討 ③討議 ④検討
57 ①呼気 ②深呼吸 ③呼ぶ ④点呼

58 ①賃金 ②運賃 ③家賃 ④電車賃

59 ①縦 ②縦横 ③操縦 ④縦断

60 ①紅白 ②口紅 ③紅茶 ④紅一点

チェックポイント 「呼」は四画目を左にはらい、八画目ははねます。「縦」は同じ音読みの「従」と書きまちがえないように注意します。

39ページ

61 ①しおかぜ ②しお ③まんちょう ④ちょうりゅう

62 ①しゃくはち ②しゃくど ③しゅくしゃく

63 ①のうにゅう ②しゅうのう ③おさ ④のうき

64 ①そう ②こうそう ③ちそう

65 ①おんせん ②げんせん ③いずみ ④せんすい

66 ①きび ②げんしゅ ③げんじゅう ④げんきん

40ページ

61 ①潮 ②潮風 ③満潮 ④風潮

62 ①一尺 ②尺八 ③尺度 ④縮尺

63 ①納入 ②納める ③収納 ④納品書

64 ①高層 ②層 ③地層 ④断層

---

65 ①泉 ②泉水 ③温泉 ④源泉

66 ①厳しい ②厳重 ③厳正 ④厳守

チェックポイント 「尺」は画数の少ない漢字ですが、筆順に注意します。「納」は同じ訓読みをする漢字「収める」「治める」「修める」との使い分けに注意します（62ページ「進級テスト①❷①」参照）。

41ページ

67 ①しょうちょう ②だいちょう ③ちょう ④ちょう

68 ①い ②い ③いちょうやく ④い

69 ①きんせん ②せんとう ③せん

70 ①おんじん ②しゃおんかい ③おん ④おんがえ

71 ①じょうしゃけん ②にゅうじょうけん ③しょうたいけん ④りょけん

42ページ

67 ①小腸 ②大腸 ③腸 ④腸

68 ①胃 ②胃 ③胃 ④胃腸薬

69 ①銭箱 ②銭湯 ③悪銭 ④金銭

70 ①恩 ②恩人 ③謝恩会 ④恩師

71 ①乗車券 ②入場券 ③招待券 ④旅券

43ページ

1 ①とうろんかい ②いずみ ③きび ④すんじ ⑤けんとう ⑥いちょう ⑦せんとう ⑧げんせい

2 ①そうじゅうせき ②しんこきゅう ③こうよう ④やちん ⑤くちべに ⑥よ ⑦たて ⑧おんし

3 ①こうそうけんちく ②まんちょう ③みのう ④しゅくしゃく ⑤しお ⑥にゅうじょうけん ⑦おさ ⑧すん・しゃく

44ページ

1 ①検討 ②厳重 ③一寸 ④泉 ⑤討論 ⑥寸時 ⑦厳しい ⑧胃腸

2 ①口紅 ②家賃・納める ③縦 ④呼び ⑤金銭 ⑥紅葉 ⑦縦横 ⑧深呼吸

3 ①潮流 ②恩師 ③納入 ④高層 ⑤黒潮 ⑥寸法 ⑦地層 ⑧縮尺

45ページ

72 ①なんもん ②むずか ③なんこう

73 ①こうざい ②てっこう ③せいこうじょ

74 ①かいかく ②へんかく ③ひかく ④かくしん

75 ①たんじゅん ②じゅんぱく ③じゅんしん ④ふじゅん

76 ①げきどう ②かんげき ③はげ

77 ①ぞうしょ ②れいぞうこ ③しょぞう

46ページ

72 ①困難 ②難しい ③難航 ④難問
73 ①鋼材 ②鋼鉄 ③製鋼所 ④鉄鋼
74 ①革命 ②皮革 ③革新 ④改革
75 ①純白 ②純 ③純真 ④単純
76 ①激動 ②感激 ③激しい ④激論
77 ①蔵書 ②冷蔵庫 ③所蔵 ④貯蔵

チェックポイント 「純」は十画目を上につき出します。「蔵」は十五画目の点を忘れないように書きます。またよく似た漢字で同じ音読みの「臓」と書きまちがえないように注意します。

47ページ

78 ①むよく ②よっきゅう ③しょくよく ④いよく
79 ①たいようけい ②かけい ③けいず ④けいれつ
80 ①りんじ ②りんかい ③りんきおうへん
81 ①げきじょう ②えんげき ③ひげき
82 ①かっか ②かくぎ ③ないかく
83 ①ゆうびん ②ゆうせい ③ゆうそう

48ページ

78 ①無欲 ②欲求 ③欲望 ④食欲
79 ①太陽系 ②系図 ③系統 ④直系
80 ①臨時 ②臨機 ③臨海 ④臨席
81 ①劇場 ②演劇 ③劇薬 ④喜劇
82 ①閣下 ②内閣 ③閣議 ④天守(天主)閣
83 ①郵便局 ②郵政 ③郵送 ④郵便

チェックポイント 「系」は一画目を左にはらいます。よく似た漢字の「糸」とまちがえないように注意します。「劇」は七〜十三画目の筆順に注意します。「郵」は二〜八画目の筆順に注意し、八画目は右上にはらいます。

49ページ

84 ①しょうち ②しょう ③しょうふく
85 ①した ②した ③した
86 ①たいいん ②こうたい ③しりぞ ④しりぞ
87 ①てき ②たいてき ③きょうてき
88 ①よきん ②あず ③あず

50ページ

84 ①承知 ②承 ③承服 ④承
85 ①舌 ②舌 ③舌先 ④舌
86 ①後退 ②退院 ③退ける ④退く
87 ①敵 ②強敵 ③大敵 ④無敵
88 ①預かる ②預金 ③預ける ④預ける

51ページ

1 ①かくぎ ②ゆうびんきょく ③むずか ④てっこう ⑤てんしゅかく ⑥なんもん ⑦ゆうせい ⑧こうざい
2 ①れいぞうこ ②はげ ③しょうち ④じゅんしん ⑤げきろん ⑥した ⑦かいかく ⑧たんじゅん
3 ①むよく ②ぎんがけい ③りんきおうへん ④しんたい ⑤しょくよく ⑥てき ⑦げき・かんげき ⑧あず

52ページ

1 ①鋼鉄 ②難航 ③閣議 ④預金 ⑤鋼材 ⑥郵便局 ⑦難しい ⑧閣下
2 ①純白 ②革新 ③蔵書 ④欲望・激しい ⑤純真 ⑥激情 ⑦系図 ⑧無欲
3 ①食欲 ②退く ③敵軍 ④劇薬 ⑤承知 ⑥臨海 ⑦喜劇 ⑧冷蔵

53ページ

89 ①しき ②きはつゆ ③はっき
90 ①たんじょうび ②こうたんさい ③せいたん
91 ①かざんばい ②はいいろ ③はい ④はいざら
92 ①ぎゅうにゅう ②ちち ③にゅうぎゅう

93 ①すいちょく ②すいせん ③あまだ ④すい

54ページ

89 ①指揮者 ②揮発性 ③発揮 ④指揮

90 ①誕生日 ②降誕祭 ③生誕 ④誕生

91 ①灰色 ②火山灰 ③灰 ④灰

92 ①牛乳 ②乳 ③乳牛 ④乳製品

93 ①垂直 ②雨垂れ ③垂線 ④垂らす

チェックポイント 「誕」はよく似た漢字「延」とまちがえないように注意します。「灰」はよく似た漢字「炭」とまちがえないように注意します。「垂」は三画目を二画目より長く書き、筆順に注意します。

55ページ

94 ①そ ②そ ③そ

95 ①ひてい ②ひけつ ③あんぴ

96 ①れんめい ②めいゆう ③かめい

97 ①かんご ②かんばん ③かんびょう

98 ①つくえ ②つくえ ③がくしゅうづくえ

56ページ

94 ①染める ②染まる ③染め物 ④染まる

95 ①賛否 ②否決 ③安否 ④否定

96 ①盟約 ②加盟 ③連盟 ④同盟国

97 ①看護 ②看病 ③看守 ④看板

98 ①机 ②机 ③机 ④学習机

チェックポイント 「否」はよく似た漢字「不」とまちがえないように注意します。「看」は一画目を左にはらい、三画目は二画目より長く書きます。

57ページ

1 ①あまだ ②めいやく ③かんしゅ ④つくえ ⑤あんぴ ⑥きはつゆ ⑦すいちょく ⑧かめい

2 ①そ ②ひてい ③すいせん ④かんばん ⑤たんじょうび ⑥はいいろ ⑦ごうひ ⑧しき

3 ①にゅうぎゅう ②せいたんさい ③はっき ④どうめい・ひ ⑤ぎゅうにゅう ⑥かざんばい ⑦ちち ⑧た

58ページ

1 ①誕生日 ②火山灰 ③垂らす ④指揮 ⑤発揮 ⑥牛乳 ⑦染め ⑧生誕

2 ①賛否両論 ②灰色・染まる ③垂直 ④連盟 ⑤乳 ⑥否定的 ⑦揮発 ⑧看病

3 ①安否 ②看護師 ③否決 ④染まる ⑤垂れる ⑥加盟 ⑦看板 ⑧机

59ページ

1 ①はげ ②おんせん ③かいかく・ないかく ④なんじけん ⑤れいぞうこ ⑥きび ⑦いちょう ⑧てっこう

2 ①しき ②たいようけい ③とうろんかい ④しゅくしゃく ⑤しお ⑥りんじ ⑦すんげき ⑧そうじゅう

3 ①かんばん ②のうひん ③ぎゅうにゅう ④そ ⑤ちそう ⑥てんこ ⑦すいちょく ⑧どうめい

60ページ

1 ①純白 ②預ける ③難しい ④厳重 ⑤革新 ⑥貯蔵 ⑦賃金 ⑧激動

2 ①欲望・否定 ②潮流 ③郵便局 ④臨時 ⑤誕生会 ⑥紅白 ⑦内閣 ⑧納める

3 ①染める ②看病 ③呼ぶ ④雨垂れ ⑤同盟 ⑥乳 ⑦灰色 ⑧学習机

61ページ

1 (1)①—ウ ②—ア ③—エ ④—オ ⑤—イ

(2)①—㋐ ②—㋓ ③—㋒ ④—㋑
⑤—㋔

2 ①せんもん ②とうぶん ③かくちょう
④きょうど ⑤じゅくれんしゃ
⑥きょうい ⑦じこほんい
⑧りっぱ・けいあい ⑨はいしゃく

3 ①とうと(たっと)・そん ②お・ふ
③ま・かん ④ほ・よく ⑤のう・こう
⑥べに・こう ⑦なら・なみ
⑧おさ・のう

62ページ

1 ①著 ②困 ③腹 ④縦 ⑤蔵 ⑥系
⑦灰 ⑧誕

2 ①㋐収 ㋑納 ㋒治 ㋓修
②㋐売 ㋑熟 ㋒植 ③㋐読 ㋑呼

3 ①紅色 ②陛下 ③帰郷 ④拝む
⑤明朗 ⑥装置 ⑦規律 ⑧党首

63ページ

1 ①㋐にゅう ㋑ちち ②㋐ふん ㋑ふる
③㋐こく ㋑きざ ④㋐せん ㋑いずみ

2 (順不同)
げきりゅう・こうてつ(てっこう)・
ちいき・こきゅう・しき

3 ①いっこくせんきん ②いちぼうせんり
③いちじつせんしゅう
④いちじせんきん

4 ①いた ②こんらん ③りっぱ
④すんだん ⑤のぞ ⑥かんごし
⑦たんしゅく ⑤なんだい

64ページ

1 ①敬 ②晩 ③干 ④否 ⑤縮 ⑥革
⑦垂 ⑧裏 ⑨誕

2 ①看 ②専 ③劇 ④視 ⑤忠 ⑥将
⑦庁 ⑧熟

3 ①厳しい ②我 ③認める ④若い
⑤砂糖 ⑥乳白色 ⑦穴 ⑧純真

65ページ

1 ①㋐むね ㋑のう ②㋐よく ㋑しゅう
③㋐く ㋑まく ④㋐じゅん ㋑とう

2 ①—㋓ ②—㋑ ③—㋐ ④—㋒

3 ①ちぢ ②わかげ・いた ③こつにく
④まいきょ

4 ①た ②れんめい ③うんちん
④りこてき ⑤しへん ⑥せいだい
⑦せんしょく ⑧さっし

66ページ

1 ①㋐整 ㋑乱 ②㋐難 ㋑易
③㋐呼 ㋑答(応) ④㋐若 ㋑老

2 ①㋐済 ㋑裁 ②㋐至 ㋑史
③㋐庁 ㋑頂

3 ①急降下 ②泉 ③拝見 ④区域・拡大
⑤激しい ⑥内閣 ⑦相棒 ⑧善処

67ページ

1 ①あっかん ②こうふん
③ぎょふのり ④こうてつ
⑤たざんのいし ⑥だんちょうのおもい
⑦ごじっぽひゃっぽ ⑧こういってん

2 (順不同)
①とうと(い)・たっと(い)
②とうと(ぶ)・たっと(ぶ)

3 ①よ ②そ ③う ④あず ⑤しりぞ

4 ①ほ ②こま ③せいじん ④げきじょう
⑤いしょう ⑥くなん ⑦こうすいりょう
⑧くら

68ページ

1 ①㋐包装 ㋑放送 ②㋐規律 ㋑起立
③㋐政党 ㋑正当 ④㋐糖分 ㋑当分

2 ①寸 ②腹 ③棒 ④骨 ⑤縦 ⑥穴
⑦垂 ⑧裏

3 ①激しい ②机・片 ③演奏 ④巻く
⑤欲しい ⑥困り ⑦発揮 ⑧干す

69ページ

1 ①㋐かく ㋑りゃく ②㋐よく ㋑よう
③㋐せい ㋑じょう ④㋐ちょ ㋑と
⑤㋐とう ㋑ふ ⑥㋐かく ㋑こう

2 ①―㋔ ②―㋐ ③―㋑ ④―㋒
⑤―㋓

3 ①おが ②きざ ③のぞ ④ちぢ

4 ①うやま ②きび・さば ③のうにゅう
④しりぞ ⑤ほうりつ ⑥じゅんえん
⑦わ・よそお ⑧むね

70ページ

1 ①㋐塩 ㋑潮 ②㋐片 ㋑形
③㋐乳 ㋑血 ④㋐干 ㋑日
⑤㋐番 ㋑晩

2 ①晩 ②臨 ③朗 ④異 ⑤故 ⑥鏡
⑦専

3 ①別冊 ②処理 ③盛る ④尊重
⑤誕生日 ⑥賃金 ⑦並べる ⑧縮図